Anton Tantner
Die ersten Suchmaschinen

Anton Tantner
Die ersten Suchmaschinen

Adressbüros, Fragämter, Intelligenz-Comptoirs

Verlag Klaus Wagenbach   Berlin

Inhalt

Zuversicht und Sorgen des
Informationsprofessionisten Caspar Rieß –
eine wissenschaftliche Fiktion   7

Paris und London – Die Anfänge der Adressbüros   17
Die »Urszene«: Montaignes Vorschlag   17
Das *Bureau d'adresse* des Théophraste Renaudot   20
Pariser Adressbüros nach Renaudot   40
Londoner *Offices of Intelligence*   51

Deutschsprachige Ideen und Realisierungen im 17. Jahrhundert   67
Das Wiener *Fragstuben*-Projekt des
Johannes Angelus de Sumaran   67
Wilhelm von Schröders *Intelligentz-Werck*   70
Leibniz' Pläne   72
Preußen: Adresshäuser als Pfandleihanstalten   76

Deutschsprachige Adressbüros im 18. Jahrhundert   83
Die habsburgischen Frag- und Kundschaftsämter   83
Ein geschwätziges Fragamt zu Pressburg   96
Die *Frankfurter Frag- und Anzeigungsnachrichten*   108
Sächsische Adressbüros   110
Das preußische *Intelligenzwerk*   116
Berichthäuser in Basel und Zürich   118

Schluss   123
Anfrage- und Auskunftscomptoire des 19. Jahrhunderts   123
Conclusio   130

Anmerkungen   140
Literatur   158
Abkürzungen   171
Dank   173

Zuversicht und Sorgen des Informationsprofessionisten Caspar Rieß – eine wissenschaftliche Fiktion

Wie jeden Tag war Caspar Rieß nach dem Frühstück von seiner Wohnung im ersten Stock des Hauses in der Burgstraße ins Erdgeschoss hinuntergegangen, hatte um Punkt 9 Uhr die Ladentür geöffnet und wartete nun auf Kundschaft. Mehr als zehn Jahre waren es nun her, dass er sein *Intelligenz- und Adresscomptoir* – ein mit ebendieser Aufschrift bezeichnetes Holzschild hing an einer Eisenstange über dem Eingang des Etablissements – in der fürstlichen Residenzstadt eröffnet hatte; damals regierte im fernen Wien noch Kaiser Karl VI., und in vielen Städten im Reich entstanden Adressbüros, die nach Vorbild des in der österreichischen Hauptstadt befindlichen *Frag- und Kundschaftsamts* Stätten universeller Vermittlung sein wollten. Nicht länger sollte es vorkommen, dass Käufer und Verkäufer von unentbehrlichen Waren einander aus Mangel an Kenntnis nicht antreffen konnten, nicht länger sollten Personen, die eine Wohnung mieten wollten, tagelang die Straßen der Stadt auf und ab laufen, immer Ausschau haltend nach den von Wind und Wetter manchmal fast schon unleserlichen Zetteln an den Haustüren, die eine freie Wohnung versprachen; nicht länger sollten Dienstherren von den Zubringerinnen untaugliches Personal vermittelt bekommen, das dann doch nur schnell seinen Arbeitsplatz wieder verließ. Stattdessen sollten all diese Wünsche, Anliegen und Begehren an einem Ort – eben dem Adresscomptoir – gesammelt und gegen Bezahlung einer geringen Gebühr in jeweils eigene Registerbände säuberlich niedergeschrieben werden; wer nun zum Beispiel Wein zu verkaufen gedachte, sich in der Stadt einlogieren oder eine Stelle als Haussekretär antreten wollte, und auch wer Geld zu verleihen hatte, konnte das Büro zu den Öffnungszeiten aufsuchen und einen Bediensteten in den Registern nachsehen lassen. War die Suche erfolgreich, sollte der Kunde gegen Bezahlung eine Abschrift des Eintrags zur Verfügung gestellt bekommen, die nicht zuletzt die Adresse der Person enthielt, bei der er eine Befriedigung seines Begehrs erwarten konnte. Käuferinnen und Verkäufer, Lehrer und Schüler, Meister und Lehrlinge, Dienstherrinnen und Diener könnten so leichter als bisher miteinander in Kontakt treten; kein nützliches Talent wäre mehr dazu verurteilt, müßig zu sein.

In diesem Sinne hatte Rieß damals um die Erteilung eines Privilegs für ein *Intelligenz- und Adresscomptoir* bei der fürstlichen Behörde ersucht; mit dieser Einrichtung sollte auch die Herausgabe eines Intelligenzblatts verbunden sein, das Registereinträge aus den Protokollen des Büros veröffentlichen sollte. Dieses Anzeigenblatt, so hatte Rieß damals argumentiert, bringe den Vorteil, dass auch Parteien, die außerhalb der Stadt wohnten und für die es zu aufwendig sei, regelmäßig den Gang in die Stadt anzutreten, nur um das Büro aufzusuchen, über die in das Comptoir eingebrachten Angebote informiert werden könnten. Bis Rieß mit dem Durchbringen seines Anliegens erfolgreich war, sollte viel Zeit − fast zwei Jahre − vergehen; groß waren die Widerstände bei den traditionell mit Informationsvermittlung beschäftigten Bevölkerungsgruppen, insbesondere bei den Gesindemaklerinnen und -maklern, die um ihre Einkünfte fürchteten. Letzten Endes waren die Behörden dann aber doch von Rieß' Ansinnen überzeugt, vor allem als er versprach, eigene Register über Wohlverhalten und Führungszeugnisse der vermittelten Dienstbotinnen und Dienstboten anzulegen, die eine Kontrolle dieser unsteten Personen erlauben würden. Unerwartet wenig Proteste waren von den Lohnlakaien gekommen, die in den Gasthäusern Reisenden aufwarteten, um diese zu Sehenswürdigkeiten oder freien Zimmern zu führen; wahrscheinlich betrachteten diese das Comptoir nun doch nicht als gefährliche Konkurrenz für ihren Erwerbszweig.

Mit dem Gang der Geschäfte war Rieß im Großen und Ganzen zufrieden; gewiss, sein Büro hätte noch mehr Frequentierung durch Anfragende vertragen, doch mit den erzielten Einnahmen kam er über die Runden. Insbesondere das ebenfalls von ihm betriebene Pfandleihgeschäft samt gelegentlicher Versteigerung der verfallenen Pfänder sorgte dafür, dass ein regelmäßiger Strom an zufließendem Geld in den Rechnungsbüchern verzeichnet werden konnte.

Manchmal war Rieß jedoch auch angestrengt, vor allem dann, wenn sich die Beschwerden der Kundschaft häuften, wie in jenen Tagen, als der neu angestellte Bedienstete Johann Fundneyder nicht aufhörte, die Zeilen der Registerbücher durcheinanderzubringen, und sich erhebliche Fehler in seine aus den Büchern für die Anfragenden erstellten Auszüge einschlichen. Einer der Empörten war der Advokat Ferdinand Leopold Keller: Letzterer war, ganz so, wie es ihm der von Fundneyder verfasste Zettel verheißen hatte, beim entlegen im Schwingshandlischen Haus in der Singerstraße wohnenden Philipp Kinsch vorstellig geworden, um dort fünf Eimer St. Georger Wein abzuholen, allein, Kinsch musste den Advokaten belehren, dass er mit Weinverkauf nichts am Hut und das Adresscomptoir nur aufgesucht habe, weil er einen silbernen Siegelstempel gefunden hatte. Keller stellte Rieß darauf zur Rede und klagte, dass er den Wein doch so dringend zur Bewirtung einer Abendgesellschaft gebraucht hätte; nur mit Mühe konnte Rieß den Rechtsgelehrten besänftigen, indem er ihm versprach, das Intelligenzblatt für ein halbes Jahr zur Hälfte des Preises zuzustellen. Kaum war des Advokaten Zorn verraucht, tauchte schon der nächste Beschwerdeführer im Büro auf: Joseph Laar war es, der eine Stelle als Hauslehrer suchte; Laar wollte Fechten und Französisch unterrichten, doch als er im Palais des ihm genannten Georg Suppanovich auftauchte, musste er vom Portier hören, dass der Posten schon längst vergeben sei. Der verhinderte Lehrer fühlte sich in die Irre geführt und verlangte die schon bezahlte Vermittlungsgebühr zurück. Rieß versuchte ihn damit zu trösten, dass es oft vorkomme, dass das Büro von erfolgten Vermittlungsakten keine Mitteilung erhielte, obwohl er doch wiederholt dazu aufrufe.

Zum Glück verlief das Alltagsgeschäft ruhiger, und der übliche Trott des Entgegennehmens von Anfragen und Ordnunghaltens in den Registern wurde zumeist nur durch hereinplatzende Fuhrleute unterbrochen, die ihre Warenlieferung abladen wollten. Als Rieß nämlich mit seiner Tätigkeit begonnen hatte, wurden die von den Verkäufern angebotenen Waren nur in den Registern des Adresscomptoirs verzeichnet und verblieben in den Lagern der Anbieter; als aber immer mehr Interessenten danach verlangten, zumindest Proben der Waren im Büro sehen zu können, hatte sich der Direktor des Comptoirs dazu entschlossen, seine Räume zu erweitern und in diesen nicht nur Informationen, sondern auch manche Waren anzubieten. So konnten also die Liebhaber die goldenen Sackuhren, das Pompadourische Zahnpulver, die Lissabonsche Schokolade und den für Landwirte so nützlichen Erdbohrer in den Räumlichkeiten des Büros selbst begutachten und erstehen; zuweilen erhielt Rieß auch Rückmeldungen über die Qualität der von ihm verkauften Waren: Erst vor einem Monat hatten ihm einige Kundinnen mitgeteilt, dass der im Adresscomptoir veräußerte, von einem Bauern aus der Umgebung gelieferte Himbeersirup von zu dicker Konsistenz war und zu süß schmeckte; Rieß hatte die Beschwerden prompt weitergeleitet und konnte den nunmehrigen Besucherinnen verkünden, dass die neu eingetroffene Lieferung etwas dünner und säuerlicher ausgefallen war.

Manchmal kam es auch vor, dass so ungewöhnliche Gegenstände wie Tafelbilder eingebracht wurden; einmal hatte die Kaufmannswitwe Anna Lutzenbergerin ein aus der Hinterlassenschaft ihres Mannes stammendes, gar schrecklich anzusehendes *Haupt der Medusa* bei Rieß deponiert, der es daraufhin in einem Nebengewölbe zwischen all den physikalischen Modellen ausstellte, die auch im Adresscomptoir zu sehen waren. Die Lutzenbergerin hatte damals verlangt, dass die Nachricht von dem Bild auch noch schnell in das Intelligenzblatt eingerückt werden sollte, und überredete Rieß dazu, deswegen die Druckerpressen anzuhalten. Bei der kunstsinnigen Kennerschaft der Stadt wurde das Adressbüro daraufhin zu einem Geheimtipp, und manch ein Freund der Malerei sollte dieses nur des Medusenhauptes wegen aufsuchen.

Das übrige Geschäft bestand im Registrieren neu zugereister und Ausfindigmachen abgängiger Personen: Alle paar Tage erhielt Rieß die Meldungszettel der Gasthöfe, die ihn darüber informierten, wer in der Stadt eine Herberge gefunden hatte, und die Rieß' Mitarbeiter in ein Fremdenregister übertrugen. Die Polizei, die dieses immer wieder konsultierte, war damit allerdings höchst unzufrieden, da in ihren Augen allzu viele Wirte nachlässig waren und die Meldungen unterließen oder zu spät abgaben; selbst der Goldene Adler, die beste Beherbergungsstätte vor Ort, war manchmal wochenlang säumig und musste an die Meldepflicht wiederholt erinnert werden. Dabei konnte sich Andreas Buchhardt, der Betreiber dieses Gasthofs, glücklich schätzen, dass Reisende, die sich bei der Suche nach einer Unterkunft an das Adresscomptoir wandten, zumeist an den Goldenen Adler verwiesen wurden. Anfragen dieser Art kamen nicht allzu häufig vor, mehrten sich höchstens zu Zeiten des Jahrmarkts, bei denen auch Private vorstellig wurden und ihre Zimmer über das Adressbüro zur Vermietung anboten. Auch das Aufspüren verschollener Personen zählte manchmal zu Rieß' Aufgaben; eben erst hatte er per Boten einen schriftlichen Aufruf erhalten, dass sich der in der Stadt vermutete Buchhaltungsakzessist Johann Redlein bei seinen Verwandten melden sollte, eine Erbschaft sei angefallen, und Redlein solle seinen Anteil abholen; Rieß würde sich bei seinen Informanten erkundigen und plante auch, den Aufruf in das Anzeigenblatt aufzunehmen, das zwei Tage später erscheinen sollte. Er rechnete damit, dass diesmal bei der Ausgabe des Intelligenzblatts ein größerer Andrang entstehen würde, da sich herumgesprochen hatte, dass in der politischen Beilage nähere Nachrichten über die Kriegsvorbereitungen im Zusammenhang mit dem Erbfolgestreit im benachbarten Territorium veröffentlicht werden sollten. Die berittene Stadtwache wollte er trotzdem nicht anfordern, dies war erst ein einziges Mal – vor knapp drei Jahren – notwendig geworden, als das Extrablatt Meldungen über den lange ersehnten Waffenstillstand brachte und es vor dem Comptoir zu einem tumultartigen Auflauf gekommen war: Es schien damals, als hätten sich alle Stadtbewohner in der gar nicht so schmalen Burgstraße vor dem Büro gedrängt, um die Ersten zu sein, ein Blatt zu erhaschen und die Neuigkeiten zu vernehmen. Fast hätte es Tote gegeben, wenn nicht der Kommandant der Wache mit seinen Reitern eingegriffen und eine ordnungsgemäße Abgabe des Blatts sichergestellt hätte.

Rieß dachte fortwährend darüber nach, wie er die Attraktivität seines Comptoirs erhöhen könnte. Schließlich reichte er bei den Landesbehörden ein neues Projekt ein: Ein Lekturkabinett wollte er eröffnen, in dem die interessierten Leser – an Leserinnen dachte Rieß nicht – aktuelle Zeitungen und Zeitschriften, Bücher aus allen Bereichen der Gelehrsamkeit, ja selbst ausgesuchte Romane einsehen könnten. Allen Benutzern, die halbjährlich eine bestimmte Summe zu zahlen hatten, würde er Tinte, Feder und Papier zur Verfügung stellen, und wer vom Lesen Entspannung suchte, sollte auch die Gelegenheit haben, Schach oder Billard zu spielen; auch sollten auf Wunsch Erfrischungen, weiterhin Kaffee, Schokolade und Gefrorenes aufgewartet werden, und wer wollte, könnte gegen eine Kaution auch Bücher mit nach Hause nehmen. Hatte Rieß zunächst mit dem Gedanken gespielt, das Lekturkabinett im Erdgeschoss, in den bisherigen Räumen des Adresscomptoirs zu eröffnen, so hatte er diesen bald verworfen, bedurften doch manche der hier abgewickelten Geschäfte der Vertraulichkeit. Stattdessen war er dazu entschlossen, Teile seiner bisherigen Wohnung im ersten Stock dafür zu verwenden, da er ohnehin willens war, mit seiner Familie ins Nachbarhaus zu ziehen. Das große Zimmer ließe sich dabei nicht nur als Lesesaal nutzen, sondern könnte auch für gelehrte Vorträge dienen, die Rieß einmal im Monat veranstalten wollte, und eventuell genehmigte die Landesstelle sogar einen Debattierklub, dessen Mitglieder das Vorgetragene sowie das Gelesene unter Anwesenheit von Gelehrten der hiesigen Universität diskutieren sollten. Rieß war nur zu bewusst, dass er damit recht viel forderte und die Toleranz seiner Behörde auf die Probe stellte, hatte dieser aber zu erkennen gegeben, dass er – falls sie es denn verlangte – dazu bereit wäre, so heikle Themen wie Politik und Religion von der Debatte auszuschließen.

Der Direktor war froh, sich mit den Erfolgsaussichten eines solchen Projekts auseinandersetzen zu können, hatten ihm die vorangegangenen Monate doch hinsichtlich seines Unternehmens einiges an Verdruss bereitet: Just ein halbes Jahr bevor das Privileg seines *Intelligenz- und Adresscomptoirs* auslief, hatte Rieß von einem befreundeten Landesbeamten erfahren, dass ein gewisser Ulrich Reindl das Projekt einer Konkurrenzeinrichtung eingereicht hatte, die Reindl nach habsburgischem Vorbild *Frag- und Kundschaftsamt* benannt hatte und die sich von dem Rießschen Büro ausschließlich darin unterschied, dass es nur die Hälfte an Einschreibgebühren verlangte. Rieß kannte Reindl nur zu gut: Dieser war ein ehemaliger Mitarbeiter seines Büros, den Rieß vor Jahren sich zu entlassen genötigt gesehen hatte, weil dieser ein privates Register der Vermittlungsgeschäfte angelegt und damit in die eigene Tasche gewirtschaftet hatte. Reindl war dann in auswärtigen Städten umtriebig gewesen, und sein unvermutetes Wiederauftauchen schien nichts Gutes zu bedeuten, sondern darauf hinzuweisen, dass er sich der Unterstützung einflussreicher Kreise am hiesigen Hof erfreuen konnte. Rieß hielt nun die Verlängerung seines Privilegs für ernsthaft gefährdet, noch dazu, wo er wusste, dass die Pachtsumme diesmal empfindlich erhöht werden sollte, weil der Fürst damit den Neubau der Bibliothek finanzieren wollte. So war er nur allzu beunruhigt, als er die Benachrichtigung erhielt, dass das Privileg des Adresscomptoirs nicht – wie beim letzten Mal – ohne viel Aufsehen per Vertrag verlängert, sondern versteigert werden sollte. Mit viel Zähneknirschen musste Rieß diese Ankündigung in seinem Intelligenzblatt abdrucken, und er sah der Versteigerung mit Zittern entgegen. Was für ein Glück, dass er mit einer gar nicht so hohen Summe einen Beamten bestechen konnte, der ihm mitteilte, wie viel Pachtsumme die Behörden ungefähr erwarteten; dieses Wissen beruhigte Rieß, und als dann der Tag der Versteigerung gekommen war, fiel es ihm nicht schwer, seinen Konkurrenten auszustechen. Gleich am Tag darauf unterschrieb er die Vertragsverlängerung, das Privileg war nun für zehn Jahre gesichert; Rieß konnte zuversichtlich in die Zukunft blicken.

So oder ähnlich mag es in einem Adressbüro der Frühen Neuzeit zugegangen sein. Diese bislang zumeist unbeachtet gebliebenen Institutionen des frühneuzeitlichen Umgangs mit Informationen muten heute seltsam an und erinnern in ihrer schillernden Vielfalt an Kunst- und Wunderkammern. Sie tauchen unter den Namen Adresshaus, Adresscomptoir, Frag- und Kundschaftsamt, Berichthaus, Intelligenzbüro, Intelligenzamt, Notizamt oder unter den französischen und englischen Bezeichnungen bureau d'adresse, bureau de rencontre, intelligence oder registry/register office auf, hinterließen in den europäischen Archiven und Bibliotheken aber nicht allzu viele aussagekräftige Spuren, da es sich in der Regel um private, wenn auch zumeist mit einem Privileg versehene Einrichtungen handelte, worüber auch der Umstand nicht hinwegtäuschen darf, dass manche von ihnen die Bezeichnung »Amt« führten. Somit haben sich nur wenige Dokumente erhalten, die über das Innenleben dieser Institutionen Auskunft geben, über die Konflikte, die diese mit Konkurrenten und Widersachern austrugen, über ihr alltägliches Funktionieren. Meine Recherchen in Wien, St. Pölten, Innsbruck, Graz, Paris, Bratislava, Brno, Prag, Schleswig und Berlin waren nicht immer ertragreich, weswegen manche Fragen für die künftige Forschung offen bleiben.[1]

Paris und London –
Die Anfänge der Adressbüros

Die »Urszene«: Montaignes Vorschlag

Die »Urszene« des Adressbüros findet sich in Montaignes *Essais*; die erstmals 1580 veröffentlichte Passage wurde in der nach Montaignes Tod erschienenen Neufassung von 1595 erweitert. Letztere basierte auf einem von ihm verfassten Manuskript. Die deutsche, von Hans Stilett besorgte Übersetzung lautet wie folgt:

> *Mein verstorbener Vater, der für einen Mann, dem nur seine Erfahrung und seine naturgegebenen Fähigkeiten zur Verfügung standen, ein sehr gesundes Urteilsvermögen besaß, sagte mir einmal, er hätte gern veranlasst, dass in den Städten eine bestimmte Stelle eingerichtet würde, an die alle, die irgendetwas brauchten, sich wenden könnten, um ihre Sache durch einen eigens dafür eingesetzten Beamten registrieren zu lassen – zum Beispiel: ›Ich suche Perlen zu verkaufen‹ oder ›Ich suche Perlen zu kaufen‹. Der und der möchte eine Reisebegleitung nach Paris; der und der hält nach einem Diener mit den und den Eigenschaften Ausschau, der und der nach einem Dienstherrn, der und der nach einem Arbeiter; der eine sucht dies, der andere das, jeder nach seinem Bedarf.*
>
> *Offensichtlich würde ein solches Mittel zum Austausch von Informationen die Beziehungen zwischen den Menschen wesentlich erleichtern, denn jeden Augenblick entstehen Situationen, da sich Menschen gegenseitig suchen, aber, weil sie ihre Stimmen nicht hören können, in ihrer höchst misslichen Lage allein bleiben.*
>
> *Ich habe erfahren, dass zur Schande unseres Jahrhunderts vor unsren Augen zwei an Wissen überragende Persönlichkeiten ge-*

storben sind, weil sie nicht genug zu essen hatten: in Italien Lilius Gregorius Giraldus und in Deutschland Sebastianus Castalio.

Ich bin überzeugt, dass Tausende von Menschen sie zu äußerst günstigen Bedingungen zu sich gerufen oder an Ort und Stelle unterstützt hätten, wenn ihnen das bekannt gewesen wäre. Die Welt ist keineswegs so allgemein verderbt, dass ich nicht einen wüsste, der aus ganzem Herzen den Wunsch hegte, die von den Seinen ihm in die Hand gegebnen Mittel möchten, solange das Schicksal ihm deren Genuss gestattet, dazu verwendet werden, ungewöhnlichen und auf welchem Gebiet auch immer verdienstvollen Persönlichkeiten, die das Unglück zuweilen ja bis zum Letzten verfolgt, vor dem Zugriff der Not zu schützen oder sie wenigstens in eine Lage zu versetzen, mit der sie allenfalls mangels Einsicht unzufrieden sein könnten.

In der Haushaltsführung ging mein Vater nach folgender Methode vor, die ich wohl zu loben, aber mitnichten nachzuahmen vermag: Einem Verwalter oblag es, über die laufenden Geschäfte wie kleinere Rechnungen, Zahlungen und Einkäufe Buch zu führen, die keine Mitwirkung eines Notars erfordern, während derjenige seiner Leute, der ihm als Sekretär diente, den Auftrag hatte, in ein Journal alle erwähnenswerten Ereignisse und Tag für Tag die für die Familiengeschichte wichtigen Dinge einzutragen, was später, wenn die Zeit die Erinnrung daran auszulöschen beginnt, äußerst unterhaltsam zu lesen sein dürfte – und überdies oft sehr zweckmäßig, um uns aus der Verlegenheit zu helfen: Wann wurde dies oder jenes begonnen? Wann beendet? Welche Herrschaften haben uns mit ihrem Gefolge besucht? Wie lange sind sie geblieben? Unsere Reisen und Abwesenheiten, unsre Hochzeiten und Todesfälle, Eingang guter oder schlechter Nachrichten, Wechsel der wichtigsten Bedienten und dergleichen Dinge mehr.

Eine alte Gepflogenheit, die wiederzubeleben ich gut fände: Jeder schreibe bei sich zu Hause über sein Haus! Was bin ich doch für ein Trottel, es versäumt zu haben.[2]

Im ersten Teil dieser Passage – dieser wird am häufigsten zitiert – schlägt Montaignes Vater Pierre Eyquem die Schaffung eines städtischen Amts vor, das sich der Verkaufsvermittlung,[3] der Arbeitsvermittlung und der Vermittlung von Mitreisegelegenheiten widmen soll, darüber hinaus aber für Anfragen unterschiedlichster Art offen stehen soll, *chacun selon son besoing*.[4] Der Begriff des »Austauschs von Informationen« kommt im Original – nicht verwunderlich – nicht vor, stattdessen heißt es wörtlich übersetzt, dass es sich bei dieser Stelle um ein »Mittel« handle, »einander etwas anzuzeigen«.[5] Diese Anzeigen sollen von einem Beamten registriert werden, wohl schriftlich auf Papier, in einem Protokollbuch oder dergleichen, was gegenüber der Unzulänglichkeit der menschlichen Stimme[6] den Vorteil mit sich bringe, dass auch räumlich voneinander weit entfernte Personen in Kontakt treten können.

Der zweite Teil der Passage schließt thematisch etwas abrupt an und berichtet über das traurige Schicksal zweier Gelehrter, die an Hunger starben und die von vielen Wohltätern unterstützt worden wären, wenn diese denn von deren Los Kenntnis gehabt hätten. Der Zusammenhang mit dem städtischen Vermittlungsamt wird von Montaigne nicht expliziert, eventuell dachte er an eine Art Arbeitsvermittlung für bedürftige Gelehrte, die von den zu schaffenden städtischen Einrichtungen geleistet werden sollte, die dazu in Korrespondenz hätten stehen müssen; möglich wäre auch, dass Montaigne ein Anzeigenblatt oder ein ähnliches Druckmedium zur Publikmachung der Namen brotloser Gelehrter vor Augen hatte.

Der dritte – erst in der Ausgabe von 1595 publizierte – Teil beschreibt die Buchführung von Montaignes Vater, die nicht nur Ausgaben und Einnahmen umfasste, sondern darüber hinaus erinnerungswürdige Ereignisse aus dem Leben im Haus. Womöglich entsprang also die Idee des Adressbüros mit seinen Protokollbüchern unter anderem den familiären Aufschreibetechniken, wie sie (nicht nur) im Hause Eyquem praktiziert wurden.

Montaignes Vorschlag wurde in den folgenden Jahrzehnten unter anderem von einem gewissen Isaac de Laffemas aufgegriffen; auch Laffemas rekapitulierte Gedankengänge seines Vaters – Barthelemy de Laffemas –, der unter König Henri IV. Contrôleur Général du Commerce gewesen war; Laffemas senior hatte die Errichtung von *bureaux publics* projektiert, die gleichermaßen von öffentlichem Nutzen sein und zur Bequemlichkeit der Privatleute dienen sollten. Diese Büros sollten in allen Städten Frankreichs installiert werden und miteinander über alle Angelegenheiten korrespondieren, ein geeignetes Mittel gegen den hemmungslosen Missbrauch, den nach Ansicht Laffemas' die traditionellen Vermittler ausübten.[7] Seit 1608 wiederum beschäftigte sich ein gewisser François du Noyer de Saint-Martin mit dem leicht utopisch angehauchten Projekt einer *Royale Compagnie françoise du Saint-Sépulcre de Jerusalem*, die sich dem Überseehandel widmen und in allen französischen Pfarreien Büros errichten sollte, um Arme anzuwerben; die Büros sollten Register über alle Bewerber führen, auch sollten Pfandhäuser gegründet werden.[8]

Das *Bureau d'adresse* des Théophraste Renaudot

Gründer des ersten bekannten Adressbüros war Théophraste Renaudot, geboren Ende 1586 in Loudun als Sohn einer recht begüterten protestantischen Familie. Nach seinem Medizinstudium in Montpellier praktizierte er als Arzt in seiner Heimatstadt und lernte Père Joseph und den aus der Nähe von Loudun stammenden späteren Kardinal Richelieu kennen; beide sollten ihn bei seinen Plänen unterstützen.[9] 1612 erhielt Renaudot den Titel eines königlichen Arztes und wurde beauftragt, sich um ein Reglement für die Armen zu bemühen; er erhielt dafür die Summe von 600 Livres sowie das exklusive Privileg, »Büros und Register der Adressen aller wechselseitigen Annehmlichkeiten seiner Subjekte in allen Orten des Königreichs« zu errichten; in einer anderen Passage wird diese Einrichtung als »Adress- und Begegnungs-Büros, -Register und -Tafeln« bezeichnet. Weiterhin sollte er alle Erfindungen und Mittel einsetzen, um Arme zu beschäftigen und Invalide und Kranke zu behandeln.[10] Bis zur Realisierung dieses Privilegs sollten allerdings noch viele Jahre vergehen, in denen Renaudot seine Pläne wiederholt dem König vortrug und endgültig nach Paris übersiedelte. Im März 1628 sollte dann endlich das entscheidende Patent erlassen werden; der Bezug auf die Armenpolitik war darin zwar noch vorhanden, aber er hatte nur noch die eher untergeordnete Funktion, die Notwendigkeit des neu zu errichtenden Adressbüros zu rechtfertigen: So wurde in dem Patent argumentiert, dass einer der Gründe für die Armut der wäre, dass zahlreiche Arme nicht leicht die Adressen für ihre Bedürfnisse fänden, weswegen es einen solchen Ort brauche. Ansonsten wurde die Funktionsweise des Büros recht ausführlich beschrieben, mitsamt den notwendigen Maßnahmen zur Aktualisierung der im Büro geführten Register.[11]

Ein halbes Jahr nach Ausgabe des Patents – im Oktober 1628 – konvertierte Renaudot zum Katholizismus, was vielleicht darin begründet lag, dass zur gleichen Zeit die Hugenotten bei der Belagerung von La Rochelle ihre entscheidende Niederlage erlitten,[12] und im Frühjahr 1630 nahm das *Bureau d'adresse* seine Tätigkeit auf.[13] Einquartiert war es bis 1647 im Maison du Grand-Coq, das in der Nähe von Notre-Dame auf der Île de la Cité in der Rue de la Calandre gelegen war,[14] seine Gründung wurde per Plakat und mittels einer Broschüre – dem *Inventaire des addresses du Bureau de Rencontre* – bekannt gemacht. In dieser Broschüre stellte das *Bureau d'adresse* alle Dienstleistungen vor, die es anzubieten gedachte.

Am Anfang stand zunächst eine langatmige Rechtfertigung des Büros, in der besonders sein Nutzen für die in Massen nach Paris strömenden Menschen betont wurde: Binnen einer Stunde nach ihrer Ankunft könnten diese im *Bureau d'adresse* erfahren, ob es eine Beschäftigung für sie gebe. Das *Bureau* sollte den Bedürftigen auch dabei helfen, Unterkunft, Bekleidung, Nahrung und allfällige medizinische Behandlung zu finden. Die Einrichtung sollte demnach präventiv dabei helfen, Armut zu vermeiden, und darüber hinaus allen Interessierten offenstehen.

Der Gründer des *Bureau* verfügte noch über weitere Argumente für seine neue Einrichtung: So berief er sich auf die oben zitierte Montaigne-Stelle und behauptete, dass zur Perfektion der Gesellschaft ein öffentlicher Ort fehle, der wie ein Fernrohr all die verstreuten Teile des Gesellschaftskörpers sammeln könne. Neben der Metapher des Fernrohrs hatte Renaudot zwei weitere, vielleicht adäquatere Vergleiche parat: Zum einen gliche das *Bureau d'adresse* den Hinweisschildern (den *enseignes ou adresses*) an den Kreuzungen, zum anderen dem Inhaltsverzeichnis eines Buches, dessen Funktion es sei, zu finden, was man suche.

Ohne das *Bureau* seien die menschlichen Geschäfte von Unordnung und Zufall bestimmt, denn oft würden sich zwei Menschen suchen und könnten einander nicht finden, würden im Gegenteil etwas antreffen, was sie nicht suchten – *serendipity* wird die Kunst genannt, etwas zu finden, was man ursprünglich gar nicht gesucht hat und trotzdem verwenden kann; wiewohl Renaudot den englischen Begriff nicht kannte, war ihm dieses Phänomen vertraut. Er führte weiter an, dass es im so stark bevölkerten Paris die schiere Menge der potenziellen Verhandlungspartner schwieriger als an anderen Orten mache, Geschäfte zustande zu bringen. Die Unwissenheit beseitige das Begehren, da es unmöglich sei, sich etwas zu wünschen, das man nicht kenne; die Kenntnis der Dinge allein mache Lust auf diese.

Renaudot entwarf anhand eines Beispiels ein düsteres Bild einer Gesellschaft ohne *Bureau d'adresse*: Angenommen, er – Renaudot – hätte einen Bauernhof zur Bewirtschaftung abzugeben, während ein anderer genau einen solchen suchen würde: Ohne Kenntnis voneinander könnte kein Pachtvertrag abgeschlossen werden, die Folge: Der Bauer würde ohne Arbeit bleiben, der Notar könnte keinen Vertrag aufsetzen, die Erde würde nicht bearbeitet, was weniger Ernteertrag und weniger Beschäftigung für Arbeiter bedeuten würde.[15] In einer weiteren programmatischen Schrift behauptete Renaudot, dass viele den kürzesten Weg suchten, gerade in dieser so bevölkerten Stadt, in der es nichts Teureres als die Zeit gebe.[16] »Zeit ist Geld« – diese Maxime Benjamin Franklins hatte bereits in den Großstädten des frühen 17. Jahrhunderts ihre Gültigkeit.

Welche Tätigkeiten wollte das Büro nun aufnehmen? Nach dem Ermessen Renaudots waren diese kaum begrenzt: Es sei schwierig, die Gegenstände, von denen man im Büro eine Adresse finden könne, auf eine bestimmte Anzahl zu reduzieren, da sie sich auf alle Bedürfnisse der Menschen erstrecken, und diese seien fast unendlich.[17] Trotzdem war Renaudot bereit, etliche Beispiele anzuführen, sowohl in seinem *Inventaire* als auch in einer alphabetisch geordneten, über 100 Einträge umfassenden und als Einblattdruck wie ein Plakat nutzbaren *Tafel der Dinge, von denen man im Bureau d'adresse Nachricht geben oder erhalten kann.*[18]

Ein Informationsangebot, das, wer wollte, im Büro nutzen konnte, war das über Bildungsinstitutionen wie Bibliotheken, Adelsakademien oder Schulen; weiterhin wurde verzeichnet, wo immer Vorlesungen, Disputationen oder Seziervorführungen abgehalten wurden. Für Personen, die der Welt überdrüssig waren, egal welchen Alters oder Geschlechts, sollte ein eigenes Register über Klöster geführt werden, samt deren Eintrittsbedingungen. Namen und Wohnorte angesehener Personen, seien es Hofangehörige, Theologen, Ärzte, Advokaten, Vertreter der geistlichen Rechtsprechung oder Bankiers, waren dank des Büros in Erfahrung zu bringen.[19] Es versprach somit, in nuce die Funktion eines Behördenverzeichnisses oder eines Stadtadressbuchs zu erfüllen – wie der ab 1676 erscheinende *L'Etat de la France* oder das von Nicolas de Blegny 1691/92 vorgestellte *Livre commode.*[20] Renaudot erwähnte eigens, dass Bedürftigen die

Adresse von Ärzten, Chirurgen und Apothekern gegeben würde, die sie gratis behandelten. Ähnliches galt für Unterstützung in rechtlichen Angelegenheiten: Wer aufgrund seiner Armut seine Rechte nicht einklagen konnte, sollte an Personen weiterverwiesen werden, die ihm dabei helfen würden. Wer ein bei Gericht einzureichendes Memorandum auf seine korrekte Form überprüfen lassen wollte, wurde zu entsprechenden Rechtsanwälten geschickt, und jene Personen, die nicht fähig waren, den bei Gericht einzureichenden Schriftsatz selber zu verfassen, konnten diesen von Anwälten in der erforderlichen Vertraulichkeit aufsetzen lassen.

Eine der Hauptaufgaben des *Bureau d'adresse* war jedoch die Arbeitsvermittlung; allen Arbeitssuchenden sollte eine ihren Fertigkeiten entsprechende Beschäftigung zugewiesen werden. Renaudot kündigte an, Register von Meistern zu führen, die Lehrlinge suchten, samt den Bedingungen, zu denen sie diese aufnähmen; genauso sollte auch über Handwerksgesellen und Arbeiter jeglicher Sorte Buch geführt werden, die eine Anstellung suchten. Auch sollten alle möglichen Gattungen von Dienstpersonal vermittelt werden, wie Sekretäre, Hauslehrer, Kammerdiener, Kopisten, Köche und Stallburschen.[21] In einer späteren Veröffentlichung wurde auch Hilfestellung bei der Rekrutierung von Soldaten angeboten: Hauptmänner, die Letztere suchten, könnten sich an das *Bureau* wenden.[22]

Der Aufgabenbereich der Immobilienvermittlung wiederum sollte sich auf Häuser und Zimmer, seien sie leer oder möbliert, in der Stadt und den Vorstädten erstrecken, aber auch auf Bauernhöfe auf dem Land. Überhaupt sollte das *Bureau* als Ort der Vermittlung von Waren aller Art, als Verkaufsagentur dienen, insbesondere für Möbel und all jene Waren, die schwer in einem Geschäft zum Angebot ausgelegt werden konnten. Als Beispiele nannte Renaudot Karossen, Zugtiere, Schiffe und Holz. Eigens angeführt wurden Luxusgegenstände wie Tafelbilder, Medaillen und antike Münzen, Manuskripte und Bücher, seltene Pflanzen, fremde Tiere, mathematische Instrumente und Destillierkolben, derer man sich nur sehr schwer entledigen könne, wenn man ihrer überdrüssig geworden sei. Auch Geld sollte vermittelt werden: Das *Bureau* kündigte an, die Adressen derjenigen herzugeben, die Geld verleihen oder aufnehmen wollten. Boten zu Fuß und zu Pferd konnten ebenfalls über das *Bureau* bestellt werden; wer selber reisen wollte, konnte dort Informationen über Wege und entfernte Länder einholen, eine Reisebegleitung in Erfahrung bringen oder sich über allfällige Mitfahrgelegenheiten informieren. Das *Bureau* war auch bereit, Reisenden Briefe und Pakete nachzusenden[23] sowie als Meldestelle für verlorene oder gefundene Gegenstände zu dienen.[24]

Weiter beabsichtigte Renaudot, sich an Wissensvermittlung zu beteiligen, indem Lehrer aller Disziplinen vermittelt werden sollten, seien es Künste oder Wissenschaften,[25] aber auch genealogische Informationen. Der Anspruch ging dabei sehr weit: »Questions à resoudre.« – Das *Bureau* versprach, auf alle Fragen eine Antwort zu geben.[26]

Wer andere wichtige Ereignisse des Lebens bekannt machen wollte, konnte sich des *Bureaus* bedienen, sei es im Fall einer Hochzeit, einer Geburt, eines Sterbefalls, eines Wohnungswechsels oder einer Versteigerung. Reisende konnten ihre Ankunft, ihre Bleibe sowie ihre Abfahrt aus der Stadt verkündigen lassen. Wer wollte, brauchte es nicht bei der öffentlichen Ankündigung bewenden zu lassen; wer Feierlichkeiten veranstalten wollte, war bei Renaudots Einrichtung an der richtigen Stelle: Das *Bureau d'adresse* leistete Hilfestellung bei Hochzeiten, Festessen, Trauerfällen sowie Begräbnissen und bot unter anderem an, Festsäle zu vermitteln.

Zumindest in einem Fall wollte sich Renaudot nicht darauf beschränken, nur den Ort der Vermittlung zu bieten: Er kündigte an, dass das *Bureau* Speicherort beziehungsweise Dokumentationsstelle für Vorschläge zur Armengesetzgebung und überhaupt zum behördlichen Umgang mit Armen sein sollte. Er bot interessierten Autoren an, unter ihrem Namen solche Vorschläge zu registrieren und ihnen dafür authentische Zertifikate auszufertigen,[27] die wohl die Urheberschaft der Ideen sicherstellen sollten.

Am Schluss seines *Inventaire* betonte Renaudot, dass das *Bureau* alle Personen zu empfangen gedachte, die etwas verkaufen, kaufen, verleihen, tauschen, ausborgen, lernen oder lehren wollten, ohne einen Unterschied zu machen und ohne jemanden zu bevorzugen. Und er gab die Öffnungszeiten seines Lokals in der Rue de la Calandre bekannt: Diese erstreckten sich von 8 Uhr in der Früh bis Mittag und von 2 Uhr bis 6 Uhr nachmittags.[28]

Welche dieser angekündigten Aktivitäten des *Bureau* lassen sich nun nachweisen? Sicher ist, dass es als Verkaufsagentur diente: Der Großteil der in den erhaltenen *Feuilles du Bureau d'Adresse* – Renaudots Annoncenblatt – veröffentlichten Anzeigen bestand aus Verkaufsanzeigen. Angeboten wurden Immobilien wie Landgüter oder Häuser, weiter jede Menge beweglicher Güter wie Schmuck, Uhren, Antiken, Bücher, Möbel, Maschinen oder Tiere; einmal stand sogar ein junges Dromedar »zu einem vernünftigen Preis«[29] zum Verkauf. Binnen kürzester Zeit sollen 12.000 Transaktionen zustande gekommen sein,[30] wobei all diese Waren im *Bureau* zunächst nur vermittelt und nicht an Ort und Stelle gezeigt wurden. Eine Ausnahme gab es jedoch zumindest im Fall von Tafelbildern; manche davon wurden nämlich im Büro selbst ausgestellt, denn die entsprechende Überschrift in Renaudots *Semaine du Bureau d'Adresse* vom 8. Juni 1637 lautet: »TAFELBILDER: Es gibt davon mehrere von guten Meistern; die folgenden werden davon morgen ausgestellt.« Das Büro übernahm somit auch die Funktion einer Kunstgalerie; gezeigt wurden unter anderem eine Madonna nach Rubens und ein Opfer Abrahams.[31]

Ab 1637 fungierte das Büro mit königlicher Erlaubnis auch als Pfandhaus: Wer kurzfristig Geld brauchte, konnte eines seiner Besitztümer im Büro abgeben und mit einem Zinssatz von 15 %

belehnen lassen; laut Selbstdarstellung nahmen bis 1641 mehr als 30.000 Personen diesen Service in Anspruch.[32] Eines von Renaudots Argumenten für die Notwendigkeit dieser Einrichtung lautete wie folgt: Täglich würden sich im *Bureau* Edelmänner einfinden, die in den königlichen Armeen dienen wollten, zur Finanzierung ihrer Ausstattung aber Geld bräuchten, das sie nur durch den Verkauf von Möbeln und anderen Besitztümern bekommen könnten. Die Scham halte sie davon ab, ihre Gegenstände zum Verkauf anzubieten; wenn sie sich der üblichen Händler und Händlerinnen bedienten, bliebe die Transaktion nicht geheim, nur eine Abwicklung über das *Bureau d'adresse* könne die nötige Diskretion garantieren.[33] Das Angebot richtete sich demnach weniger an die klassische Klientel der Armen als an durch die Religionskriege verarmte Adlige, die schon länger eine solche Einrichtung gefordert hatten.[34]

Zu den Kernbereichen zählte neben der Verkaufs- die Arbeitsvermittlung, die sich allerdings – abgesehen vom Angebot, manche Ämter zu kaufen – nicht in den Annoncen der *Feuilles du Bureau d'Adresse* niederschlug. Nach Selbstaussage Renaudots hatte das *Bureau* kurz nach seiner Eröffnung bereits 3000 Personen vermittelt,[35] eine Zahl, die bis 1634 auf mehr als 50.000 angestiegen sein soll;[36] 1647 sprach Renaudot von 80.000 vermittelten Arbeitsstellen.[37] Die Registrierung zur Arbeitsvermittlung erfolgte freiwillig; die Behörden versuchten allerdings später, diese zumindest in der Renaudotschen Rhetorik philanthropische Funktion mit einer polizeilichen Aufgabe zu verbinden: In den Jahren 1639/1640 wurden zwei Anordnungen erlassen, gemäß denen sich alle nach Paris kommenden Handwerker beziehungsweise überhaupt alle arbeitssuchenden Fremden binnen 24 Stunden im *Bureau* einschreiben lassen und die ihnen angebotene Arbeit annehmen mussten. Diese Zwangsmaßnahme war für Mittellose gratis, auf ihre Nichtbeachtung stand die Galeerenstrafe. Auch die Vermieter sollten in dieses Überwachungssystem – das in der Praxis wohl kaum funktionierte – einbezogen werden: Wenn die bei ihnen

Wohnenden nicht innerhalb von 24 Stunden über ein vom *Bureau* ausgestelltes Zertifikat verfügten, durften die betreffenden Personen nicht länger beherbergt werden.[38] Vermittelt wurden vorwiegend Dienstboten sowie Handwerkergesellen und -lehrlinge; für letztere zwei Personengruppen gab es einen eigenen Büroangestellten, der die Registereinträge besorgte.[39]

Von den weiteren angekündigten Tätigkeiten lässt sich belegen, dass das *Bureau* Kredite und Reisebegleitungen (etwa nach Italien) vermittelte[40] und zumindest einmal als Fundamt agierte, indem eine Verlustanzeige – ein in einem Leinensack befindliches Dokument war verlorengegangen – veröffentlicht wurde.[41]

Eine ursprünglich in dieser Form gar nicht angekündigte Tätigkeit, die Renaudot viel Kritik seiner Gegner einbringen sollte, waren die *consultations charitables*, eine schon um 1630 einsetzende, vom *Bureau* angebotene medizinische Betreuung. Diese fand jeden Dienstag um 14 Uhr in den Räumen des *Bureau* statt und war vor allem für Arme gedacht, die die Ärzte gratis konsultieren konnten. Es waren insgesamt zwölf bis fünfzehn Ärzte, die ihre Arbeitskraft zur Verfügung stellten und die in zwei bis drei Gruppen aufgeteilt die Untersuchung durchführten;[42] bis 1641 nahmen mehr als 10.000 Personen dieses Angebot in Anspruch.[43] Auch in diesem Fall erfolgte eine schriftliche Registerführung: Die Kranken wurden zuerst in einen Katalog eingetragen und in dieser Reihenfolge behandelt.[44] 1642 führte Renaudot die Möglichkeit der Ferndiagnose ein, indem er in Form eines Büchleins einen Fragebogen drucken ließ, den Kranke, die nicht fähig oder willens waren, ins *Bureau* zu kommen, ausfüllen konnten; insbesondere wandte er sich damit an jene, die sich ihrer Krankheit schämten: Ihnen wurde angeboten, anonym das Büchlein auszufüllen und dann zur Diagnose und Behandlung an das *Bureau* einzusenden.[45]

Eine gewisse Berühmtheit in der gelehrten Welt erlangte das *Bureau* dadurch, dass es Aufgaben einer wissenschaftlichen Akademie übernahm: Von 1633 an, eventuell sogar schon ab November 1632, wurden jeden Montag um 14 Uhr in den

Räumlichkeiten des *Bureau* Vorträge – die *conférences du Bureau d'adresse* – gehalten, die eine Reihe unterschiedlicher Sachgebiete behandelten, zum Beispiel Medizin, physikalische Phänomene oder die Ökonomie. Zu den Themen[46] zählten die Armenpolitik – hier soll Renaudot selbst vorgetragen haben[47] –, Tabak, Paracelsus, die Frage nach dem Sitz des Wahnsinns, ob die Wahrheit im Wein läge. Auch »Über Masken und ob es erlaubt ist, sich zu verkleiden« wurde verhandelt; die Vorträge wurden schließlich sogar selbstreferenziell, indem sie sich selbst behandelten: »Über den Vortrag und ob er die lehrreichste Art des Unterrichts ist«.[48] Ausgespart blieben nur heikle Themen wie Religion und Politik. Die Vorträge waren gut besucht; 40 bis 50 Personen waren jedesmal anwesend. Bei jeder Vortragssitzung wurde der Text der letzten Vorträge verteilt; schließlich wurden die Vorträge auch zusammengefasst und in Form von Büchern publiziert, allerdings anonym, ohne die Namen der Vortragenden.[49]

Ebenfalls zum Ruhm Renaudots trug die am 30. Mai 1631 gegründete *Gazette (de France)* bei, eine Zeitung, deren Privileg bis 1762 im Besitz der Familie Renaudot verblieb und die bis zum Ersten Weltkrieg erschien. Im Zuge der Auseinandersetzungen mit konkurrierenden Zeitungsmachern wurde die *Gazette* zum wesentlichen Bestandteil der Informationspolitik Richelieus; als offiziöses Blatt druckte sie politisch genehme Nachrichten ab und sollte die vielen kursierenden Gerüchte eindämmen. Annoncen enthielt die *Gazette* nicht, weil die königliche Rede nicht durch so etwas Profanes wie die Anbietung von Waren beschmutzt werden sollte.[50]

In viel engerem Zusammenhang mit den Vermittlungstätigkeiten des *Bureau* stand die zeitweilige Herausgabe eines Anzeigenblatts – des *Feuille du Bureau d'Adresse* bzw. der *Semaine du Bureau d'Adresse* –, von dem sich nur wenige Exemplare erhalten haben.[51] Geht man von den Nummerierungen der vorhandenen Ausgaben aus, erschien es erstmals um den 1. April 1633,

möglich ist allerdings auch ein früheres Ersterscheinungs-
datum.[52] In diesem alle zehn Tage herausgebrachten Anzeigenblatt wurden vorwiegend jene Registereinträge des *Bureau*
veröffentlicht, die nicht sofort einen Interessenten fanden und
deswegen mittels der Publizität des Drucks bekannt gemacht
werden sollten.[53]

Als Beispiel sei eine in der Rubrik *Maisons à vendre dans la*
ville de Paris abgedruckte Immobilienanzeige genannt: »Man
verkauft ein Haus im Viertel Halles, bestehend aus einer Tor-
einfahrt, einem großen Geschäftslokal & Hinterzimmer, einem großen Gang, einem großen Hauptgebäude vorne und
hinten, Hof, Brunnen, Stall und anderen Annehmlichkeiten,
vermietet um 1000 Livres im Jahr, zum Preis von 24.000 Livres. V.5.f.6.a.4.r«.[54] Die Buchstaben-/Zahlenkombination am
Schluss zeigte den Ort im Register an, der die weiteren Angaben zur Annonce enthielt: Volume 5, folio 6, article 4 recto. In
ähnlichem Stil waren die Verkaufsanzeigen gehalten: »27° Eine
Kette aus zweihundert orientalischen runden und weißen Perlen, um den Preis von 25 écu. V.3.f.249.a.2.v.«[55]

Das Erscheinen dieses Blatts war allerdings nicht von Dauer,
und im Gegensatz zu späteren Adressbüros blieben die vor Ort
geführten Register das wichtigere Medium. Als Renaudot im
Frühjahr 1637 wieder ein Anzeigenblatt veröffentlichte – diesmal unter dem Titel *Semaine du Bureau d'Adresse* –, betonte er
eigens, dass er dieses bei Desinteresse wieder einstellen würde,
was dann auch geschah.[56]

Wie funktionierte nun die Informationsvermittlung im *Bureau*
d'adresse? Im Gründungspatent vom März 1628 war die Rede
von Büchern und Registern, in denen die einzelnen Anliegen
der *Bureau*-Benutzer verzeichnet werden sollten und aus denen
Suchende die Adressen des Gesuchten in Form von Auszügen
erhalten sollten; auch der Preis war festgelegt: Jede Eintragung
und jeder Auszug sollten nicht mehr als drei Sous kosten, Arme
konnten den Service gratis in Anspruch nehmen.[57]

Renaudot rechnete damit, dass die Anliegen mündlich im *Bureau* vorgetragen wurden und dass darauf ein Bedienster die Eintragung in das Register vornahm;[58] gegenüber der Mündlichkeit wurde jedoch die Schriftlichkeit des Verfahrens bevorzugt: Im *Inventaire* wurde von Interessenten verlangt, dass sie, bevor sie sich ans *Bureau* wandten, eine Beschreibung des Angebotenen oder Gesuchten aufsetzen sollten, samt den Bedingungen, zu denen sie zum Kauf oder Verkauf bereit waren. Die Interessenten waren dazu angehalten, diese Beschreibung so exakt und vollständig wie möglich zu verfertigen und insbesondere die Qualität und den Preis der betreffenden Sache anzuführen. Im *Bureau* sollte dies dann registriert werden; in einem zweiten Schritt würden die Interessenten einen Auszug erhalten, der den Ort enthielte, an dem sie die Befriedigung ihrer Wünsche finden würden.[59]

Die Tätigkeit der Registerführung wurde nicht von Renaudot persönlich, sondern von Mitarbeitern übernommen bzw. verpachtet; nur in den Anfangszeiten des *Bureau* gab er selbst die nötigen Weisungen aus, er war wohl sonst mit dem Redigieren der *Gazette* ausgelastet. Die Beschaffenheit der Register lässt sich dank der *Feuilles du Bureau d'Adresse* sowie des 1647 veröffentlichten *Renouvellement* zumindest ansatzweise rekonstruieren: Die Blätter der Register wie auch die eingetragenen Artikel waren »durch Nummern signiert«, also nummeriert; diese Nummerierung diente auch der Kontrolle und sollte sicherstellen, dass keine Einträge vordatiert wurden: Das Prinzip der Weitergabe von Registerauszügen lautete im Idealfall »first-come – first-served« (oder, im Original: *le premier en date doit estre le premier servi*), das heißt, wessen Angelegenheit als Erste in das Register eingetragen wurde, dessen Registerauszug wurde auch als Erster an einen Informationssuchenden ausgehändigt. Es scheint mehrere Register gegeben zu haben, für jedes von ihnen war ein eigener *Bureau*-Angestellter zuständig: So gab es ein Register für zu verkaufende Ämter, ein anderes für Ländereien, eines für Geldverleih, eines für Mobilien und ein weiteres für den Rest; auf diese Weise sollte verhindert werden, dass ein Klient, der Land zu kaufen gedachte, im Register der zu verkaufenden Mobilien blättern musste, was ihn Zeit kosten würde, eine der teuersten Sachen in Paris.[60] Für die Arbeitsvermittlung gab es zwei Register, die nach dem Stand der vermittelten Personen unterschieden waren: In eines wurden die »gemeinen« Personen eingetragen, in das andere die »ehrenhaften«.[61]

Auch an die Aktualisierung der Registereinträge war gedacht: War ein Vermittlungsakt erfolgreich zustande gekommen, sollte dies binnen 24 Stunden dem *Bureau* bekannt gegeben werden, um das jeweilige Angebot beziehungsweise die Nachfrage als erledigt zu kennzeichnen; so sollte verhindert werden, dass Personen an Orte gewiesen wurden, wo sie nicht mehr das Gesuchte finden würden, weil beispielsweise die angezeigte Ware schon verkauft oder die angebotene Stelle bereits vergeben war.[62] In der Praxis wurde diese Regelung freilich nur selten eingehalten: Laut der Klage Renaudots verabsäumten selbst die bestens beleumundeten Klienten des *Bureau*, dieses von einem erfolgreichen Vermittlungsakt in Kenntnis zu setzen, wobei dies doch »nicht mehr als ein Ziehen des Huts kosten« würde.[63]

Die Arbeitsweise des Büros stellte Renaudot als überwiegend passiv dar: Es sei nicht Aufgabe der Büromitarbeiter, Klienten zu suchen, die es benutzen wollten, sondern im Gegenteil, dies hänge gänzlich von der Frequentierung durch die Klienten ab. Renaudot verglich das *Bureau* mit einem Markt, zu dem die, die Esswaren zu verkaufen hätten, diese hinbrachten, und die, die solche Waren suchten, hingingen; die große öffentliche Bequemlichkeit bestehe darin, dass man die Waren dort finden könne.[64] Diese Darstellung mag zwar für den Großteil der Vermittlungstätigkeit zutreffen, sie ist aber in den Fällen zu revidieren, in denen das *Bureau* anbot, Auskunft über Wohnorte von Persönlichkeiten des Hofes und Ähnliches bereitzustellen; um diese Informationen kümmerte sich das *Bureau* wohl aktiv.

Von Anfang an legte das *Bureau d'adresse* Wert auf Diskretion: Wenn eine Person ihr Anliegen schriftlich einreichte, wurde ihr versichert, dass allein das Anliegen im Register verzeichnet würde, nicht aber ihr Name und Wohnort; Letztere blieben nur einem – selbstverständlich gut beleumundeten und ehrenvollen – Angestellten bekannt und würden erst dann Anfragenden mitgeteilt, wenn das Geschäft nahe seinem Abschluss sei. Auch für den Fall, dass dies zu wenig Geheimhaltung bedeutete, gab es Abhilfe: Wer seinen Namen nicht dem Angestellten des *Bureau* preisgeben wollte, konnte stattdessen eine Mittelsperson, einen dritten Ort nennen, an die in der Folge allfällige Fragen weiterverwiesen wurden.[65] Die Kombination von im *Bureau* geführtem Register, Gedächtnis des verschwiegenen Mitarbeiters und (vermutlich) Ablage der schriftlich eingereichten Anliegen diente somit als eine Art Anonymisierungsmaschine: Nicht von vornherein sollten Arbeits- oder Wohnungssuchende wissen, wer als potenzieller Dienstgeber, Wohnungsvermieter oder -verkäufer auftrat, sondern erst wenn sie eine Vorentscheidung für einen bestimmten Dienst oder eine bestimmte Wohnung getroffen hatten, wurden ihnen Name und Wohnort der Person mitgeteilt, bei der sie das Gesuchte finden konnten. Wer demgegenüber ein Angebot – eine zu vermietende Wohnung, eine zu vergebende Dienststelle – dem *Bureau* mitzuteilen gedachte, sollte sicher sein, dass sein Name nicht auf den ersten Blick mit dem Angebot verknüpft war.

Auch in späteren Veröffentlichungen betonte Renaudot immer wieder die Diskretion des Registers, dessen »Geheimnis strikt beobachtet« würde;[66] als er Büros in den Provinzen einzurichten gedachte, bot er Personen, die Wertgegenstände zu verkaufen hatten, an, dies anonym abzuwickeln, ohne ihre Namen preiszugeben.[67] In dem Anzeigenblatt des *Bureau d'adresse* wurden die Angebote selbstverständlich ohne die Namen und Aufenthaltsorte der einreichenden Personen abgedruckt.[68]

Die skizzierte Vorgangsweise scheint trotzdem auf Kritik gestoßen zu sein, weswegen Renaudot Ende der 1630er Jahre vermutlich das System einer doppelten Buchführung begann, zumindest beschrieb er in einer um 1639 erschienenen

Broschüre folgendes Vorgehen: Demnach gab es ein geheimes Register, in das die Namen und Wohnorte der Klienten samt ihres Angebots oder Begehrens eingetragen wurden, und ein öffentliches Register, »ausgesetzt den Augen eines jeden«. In letzterem Register wurde der Eintrag wiederholt, nun aber ohne Namen und Wohnort des Einbringers. Interessenten bekämen nur die öffentlichen Register zur Einsicht; wenn sie darin etwas Passendes fänden, müssten sie drei Sous dafür zahlen, dass ihnen aus dem geheimen Register ein Auszug angefertigt würde.[69] Nicht sicher ist, ob die beschriebene doppelte Registerführung tatsächlich in dieser Form praktiziert wurde. Als Renaudot 1647 den Plan einer »Erneuerung« des *Bureau d'adresse* veröffentlichte, kündigte er jedenfalls an, künftig diese Form zu installieren, und fügte noch hinzu, dass die Einträge aus dem geheimen Register binnen 24 Stunden in das öffentliche Register übertragen würden.[70]

Renaudot betrachtete die Zwischenschaltung des *Bureau* bei der Dienstbotenvermittlung und die damit einhergehende Anonymisierung der Arbeitssuche als Vorteil gegenüber der herkömmlichen Empfehlung von Dienstboten durch Freunde: Durch die existierende Beziehung zwischen dem Freund und dem Dienstboten komme ein neu angestellter Dienstbote einem Spion gleich, der alles, was sich im eigenen Haus abspielte, dem Freund berichten würde; außerdem sei es nicht so leicht, einen solchen Dienstboten zu entlassen, ohne den Freund zu beleidigen.[71]

Wer benutzte das *Bureau*, wer beanspruchte seine unterschiedlichen Dienstleistungen? Gemäß der Vielfalt seines Angebots waren die Besucher sehr heterogen; Renaudot selbst behauptete um 1639, dass das Spektrum jener, die im Büro die Mittel zur Befriedigung ihrer Bedürfnisse gefunden hätten, »vom mindesten Rüpel bis zum größten Fürsten« reiche.[72] Es gab allerdings eine Gruppe, die von vornherein explizit ausgeschlossen war: Frauen. Ihnen wurde der Zutritt zum *Bureau* untersagt, aus moralischen

Gründen. Renaudot erklärte dies mit dem Argument, dass das Jahrhundert verdorben sei und er die üble Nachrede fürchte. Vielleicht meinte er damit, dass man ihm vorwerfen könnte, der Prostitution Vorschub zu leisten. Renaudot wusste aber nur zu gut, dass er damit potenzielle Kundinnen – sowohl Dienstgeberinnen als auch Dienstbotinnen – ausschloss, und stellte (bedauernd?) fest, dass Frauen aus Gründen der Besonderheiten der weiblichen Ehre zu Zurückhaltung gezwungen seien und weniger Vermittlungsmöglichkeiten in Anspruch nehmen könnten, wenn sie eine Stellung suchten. Es erscheine nicht als gerecht, arbeitsuchende Frauen und Dienstgeberinnen, die weibliches Personal brauchten, von diesem Angebot, das öffentlich sein sollte, auszuschließen. Der Direktor des *Bureau d'adresse* kündigte daher eine alternative Möglichkeit an: Arbeitsuchende Frauen könnten ihre Männer zum *Bureau* schicken; dort würden die Männer an älteste und unbescholtene Frauen weitervermittelt, die den potenziellen Dienstbotinnen bei der Arbeitssuche behilflich sein sollten.[73] Renaudot wollte hier offensichtlich die Dienste der traditionellen Arbeits- beziehungsweise Dienstbotinnenvermittlerinnen in Anspruch nehmen, zu denen das *Bureau* ansonsten in Konkurrenz stand.[74]

Gemäß Renaudots Selbstdarstellung richtete sich das *Bureau* vorwiegend an Arme, doch was die Verkaufsvermittlung anbelangt, so handelte es sich bei den über die erhaltenen Anzeigenblätter angebotenen Waren zumeist um Luxusgegenstände – wie Schmuck, Antiken, Bücher –, die nur von reichen Käufern erworben werden konnten. Renaudot rühmte sich dessen, dass selbst der König – Ludwig XIII. – zu den Klienten des *Bureau d'adresse* zählte und darüber unter anderem ein isabellfarbiges Pferd passend zu den anderen seiner Karosse gefunden habe.[75] Somit verbleiben an Angeboten, die vermutlich von einem ärmeren Publikum in Anspruch genommen wurden, die Arbeitsvermittlung, die kostenlose medizinische Betreuung sowie die Pfandleihe.

Renaudots Privileg von 1612, Adressbüros zu errichten, galt für das gesamte Königreich; in manchen seiner Schriften sprach er von seinen *Bureaux* in der Mehrzahl[76] und bezeichnete sich als *Generalintendant* bzw. *Generalkommissar der Adressbüros in Frankreich*.[77] 1633 veröffentlichte das *Feuille du Bureau d'Adresse* einen Aufruf, sich um die Posten eines Provinzialintendanten zu bewerben; dieser ist auch deswegen von Interesse, weil er ein Anforderungsprofil enthielt für den Kommunikationsprofessionisten des 17. Jahrhunderts: Geeignet seien demnach alle Personen mit anständiger Lebensführung und guten Sitten, die lesen und schreiben könnten; vor allem Notare und andere Personen, die genötigt seien, für ihren Beruf ein Arbeitszimmer oder ein Büro zu mieten, seien aufgerufen, den Posten anzunehmen, da sie keine andere Unterkunft bräuchten. Ihre Aufgabe sei es schlicht, die eingebrachten Vermittlungsanfragen weiterzuleiten.[78]

1639 erschien eine dank der *Hartlib Papers* erhaltene Broschüre, die als eine Art Programmschrift der Provinzbüros betrachtet werden kann und in der ähnlich wie im *Inventaire* die Dienstleistungsangebote der Büros beschrieben wurden; Renaudot konzipierte diese als miteinander kommunizierende Knotenpunkte eines Netzwerks.[79] Versuche, derlei Provinzbüros tatsächlich einzurichten, sind für Bordeaux, Angers, Aix-en-Provence, Lyon, Grenoble sowie Rouen dokumentiert, scheiterten jedoch,[80] was vielleicht darin begründet war, dass es den Städten im Vergleich zu Paris an der kritischen Größe mangelte.

Von Anfang an stand Renaudots Unternehmung in der Kritik: Schon kurz nach Aufnahme seiner Tätigkeiten sollte sich im Mai 1630 der Hauptmieter über die »Unverschämtheiten und öffentlichen Skandale, die jeden Tag in besagtem Haus auf Grund des Bureau d'adresse begangen« würden, beschweren,[81] vielleicht einer der Gründe für die Publikation des *Inventaire*, das die Aktivitäten des *Bureau* detailliert darstellte und auch dazu dienen sollte, allfällige Verleumdungen zurückzuweisen.[82]

Worin bestand nun der Skandal? Vermutlich schon in der Tendenz, bislang vor allem durch persönliche Netzwerke und Klientelbeziehungen vermittelte Dienstleistungen quasi öffentlich und anonym zugänglich zu machen; die Vermittlung per Register an einem der Allgemeinheit zugänglichen Ort erschien als dubios und erregte allerlei Phantasien: So wurden in den auf das *Bureau* verfassten Balletten – eines wurde 1631 vor dem König, ein weiteres 1640 vor dem Prinzen aufgeführt – vermutet, dass es Heiratsvermittlung betreiben und auch Abtreibungen vermitteln würde.[83] Bis hin zum Verdacht der Prostitution reichten die Mutmaßungen der Gegner Renaudots, geäußert in einem Spottgedicht Guy Patins, dem zufolge *maquereaux* – Zuhälter – das *Bureau d'adresse* frequentieren würden.[84]

Wenig verwunderlich war, dass zu Renaudots Gegnern jene Gruppen zählten, deren Tätigkeitsbereiche durch die Aktivitäten des *Bureau* tangiert wurden. So waren die traditionell mit der Arbeitsvermittlung befassten Gesellenvereinigungen keineswegs glücklich über die Konkurrenz, die sie auf diesem Gebiet erhielten.[85] Auch die Innung der Kaufleute war misstrauisch gegenüber der Tendenz, Waren nicht nur in den Registern des Büros anzuzeigen, sondern ab dem Zeitpunkt des Pfandverleihs im Büro selbst zum Kauf anzubieten. Immer wieder sollte es in den folgenden Jahrzehnten ein Streitpunkt sein, dass sich Adressbüros nicht auf ihre eigentliche Bestimmung beschränkten, nur auf den Ort einer angebotenen Ware zu verweisen, und zu einer Art Kaufhaus wurden.[86] Als unschicklich wurde auch empfunden, dass die offiziöse *Gazette* am selben Ort erschien, an dem schnöde Verkaufstätigkeiten ausgeübt wurden; Renaudot wehrte sich dagegen mit dem Argument, dass die Sonne gleichermaßen »über Gold und Dung« scheine und der König nicht weniger König der Bauern als der Fürsten sei.[87]

Vor allem war es aber die medizinische Fakultät von Paris, die gegen Renaudot vorging, da sie sich durch die *Consultations charitables* in ihrem Machtbereich bedroht sah. Sie behinderte schon seit der zweiten Hälfte der 1630er Jahre das Medizinstudium der Söhne Renaudots – Eusèbe und Isaac – und konnte erreichen, dass diese ihr Studium nur unter der Bedingung fortsetzen und 1647/48 abschließen konnten, dass sie schworen, keine Funktion im *Bureau d'adresse* auszuüben.[88] Renaudot ließ sich von diesem Widerstand zunächst nicht beirren und versuchte, seine Aktivitäten auf diesem Gebiet noch auszudehnen: Im September 1640 wurde ihm gestattet, in den Räumlichkeiten des *Bureau* ein chemisches Laboratorium einzurichten,[89] 1642 erschien sein bereits erwähnter, der Ferndiagnose dienender medizinischer Fragebogen *Presence des absens*, und ebenfalls 1642 bemühte er sich, nahe der Bastei beim Tor Saint Antoine ein eigens den *Consultations charitables* gewidmetes Gebäude zu errichten; hier sollten Armen, gleich ob Franzosen oder Ausländer, die wegen Krankheiten kamen, gratis Ratschläge und Heilmittel gegeben werden.[90]

Seit Ende Oktober 1640 führte die medizinische Fakultät einen Prozess gegen Renaudot, in dem sie versuchte, seine medizinische Tätigkeit zu beschränken; begleitet war dies von einem regelrechten Broschürenkrieg, in dem die Pariser Ärzte kein Argument ausließen: Renaudot böte nur eine »imaginäre Mildtätigkeit« an, die Ideen zu »seinen so schwarzen und so zweifelhaften Unternehmungen« würden nicht von ihm stammen, die gedruckten Montagsvorträge würden nur so vor Fehlern strotzen.[91] Der »Meister der Gazette« wolle glauben machen, dass sein *Bureau* ein Tempel der Frömmigkeit und der Barmherzigkeit sei, dabei handle es sich eher um einen »Markt der Diebe und Gebrauchtwarenhändler«, bei dem man für Ware mit »Lügen und Verleumdungen« bezahle und kaum Geld außer gegen hohe Pfänder bekäme.[92] Die Rechtmäßigkeit seiner Titel wurde in Frage gestellt,[93] er würde fremde Ärzte beschäftigen – »Libertins, Vagabunden, Häretiker, Hugenotten« – sowie Ärzte, die von der medizinischen Fakultät abgewiesen worden wären, sei es wegen Häresie, wegen Unwissenheit oder wegen schlechten Betragens,[94] wo doch Pariser Ärzte schon zwei Jahre vor Renaudot mit der Gratis-Behandlung begonnen hätten.[95] Es wurde nicht vergessen, auf Renaudots Vergangenheit als Hugenotte hinzuweisen; überhaupt sei er ein Dämon aus Loudun, gekommen, um Paris heimzusuchen[96] – der aufsehenerregende Hexenprozess um die Dämonen von Loudun lag erst wenige Jahre zurück.[97] Kurz, Renaudot wolle alle Ordnung im Königreich umstürzen, alle Privilegien kassieren und der ganzen Welt die Freiheit geben. Adressbüros einzurichten bedeute, die Gütergemeinschaft, ja die Häresie der Anabaptisten einzuführen.[98] Erfolgreich waren Renaudots Widersacher erst nach dem Tod seiner Protektoren, Kardinal Richelieu und König Ludwig XIII.: Ersterer starb am 4. Dezember 1642, Letzterer am 14. Mai 1643; in der Folge erwirkte die medizinische Fakultät am 1. März 1644 einen definitiven Gerichtsbeschluss, gemäß dem in Renaudots *Bureau* keine medizinischen Behandlungen, keine Vorträge, kein Pfandverleih und keine Warenverkäufe mehr stattfinden durften.[99] Für Renaudot war dies ein schwerer Rückschlag in seinen Bemühungen, rund um sein *Bureau* eine Art Medien-, Bildungs- und Warenimperium samt eigener ärztlicher Beratungsstelle aufzubauen. Seine Gegner konnten triumphieren, und sein Hauptfeind Guy Patin konnte in einer Schmähschrift auf Renaudot diesen als »Alchimisten, Scharlatan, Empiriker, Wucherer wie ein Jude, perfide wie ein Türke, bösartig wie ein Renegat« und als »großen Heuchler« bezeichnen.[100]

Doch die Niederlage war nicht vollständig, Renaudot musste seine Tätigkeit dadurch nicht gänzlich einstellen: Er gab weiter die *Gazette* heraus und konnte sich noch im März 1644 das Privileg für diese und weitere Druckwerke seines Büros von Ludwig XIV. (bzw. in dessen Namen von seinen Beratern) bestätigen lassen.[101] Auch erfreute er sich der Anerkennung durch die Zentralmacht: So wurde er 1646 zum *historiographe du roi*, zum königlichen Historiographen ernannt[102] und 1649 geadelt.[103] Darüber hinaus scheint es, dass die registerbasierten Vermittlungstätigkeiten des *Bureau d'adresse* nicht gänzlich beeinträchtigt waren und fortgesetzt wurden, eventuell durch Pächter.[104] Auch das wöchentliche Anzeigenblatt – diesmal mit dem Namen *Cahier des commoditez présentes du Bureau d'adresse* – scheint zumindest von April bis September 1651 wieder existiert zu haben, wenn sich auch kein Exemplar davon erhalten hat und es nur in der *Gazette* erwähnt wird; es wurde für fünfzehn Deniers verkauft.[105]

Renaudot starb am 25. Oktober 1653 und wurde in Saint Germain l'Auxerrois, der Pfarrkirche des Louvre beigesetzt; schon vorher hatte er die Obsorge für die *Gazette* und das *Bureau d'adresse* seinem dritten Sohn – er hieß ebenfalls Théophraste – übergeben. Das Privileg, Adressbüros einzurichten, blieb somit im Familienbesitz, wenn auch in den folgenden Jahrzehnten kein Mitglied der Familie Renaudot dieses Privileg nutzen und ein Adressbüro gründen sollte, dieses Recht wurde vielmehr verpachtet. Immer wieder entstanden auf dieser Grundlage Adressbüros in Paris, die zumeist recht kurzlebige Annoncenblätter herausgaben und sich in der Regel auf die Aufgaben einer Verkaufsagentur beschränkten; das Bestreben, aus dem *Bureau* ein Kaufhaus zu machen und die Ware direkt vor Ort anzubieten, sollte aber wiederholt den Unmut der Polizei erregen.[106]

Pariser Adressbüros nach Renaudot

Im Mai 1669 schloss Renaudots Sohn – Théophraste II – mit einem gewissen Gilles Filleau des Billettes einen auf neun Jahre befristeten Vertrag über die Errichtung eines *Bureau d'adresse*. Filleau wurde es explizit verboten, Dienstbotenvermittlung zu betreiben – das für diese Zwecke vorhandene Adressbüro existierte weiterhin am alten Ort – und die *Gazette* zu drucken oder zu verkaufen.[107]

Tatsächlich wurde darauf ein in der Rue Thibaut-aux-dez gelegenes Adressbüro gegründet, das seine Dienste per Plakat ankündigte und von dem für die Jahre 1669/1670 zwei Ausgaben eines Anzeigenblatts – der *Liste des Avis du Bureau d'Adresse* – überliefert sind. In Renaudots Vorgängerinstitution war das im *Bureau* aufbewahrte Register wichtiger als das Anzeigenblatt gewesen; nun war es umgekehrt, und Letzteres war das bedeutendere Medium: Die Ankündigung argumentierte, dass es aufwendig sei, für jede Anfrage das *Bureau* aufsuchen zu müssen, um dort oft vergeblich die Register zu konsultieren und nicht das zu finden, was man suche. Demgegenüber liefere das als *kleines Buch* (*petit livre*) bezeichnete Anzeigenblatt dieselben Nachweise, die man in den Registern finde, und dies ohne die entsprechenden Unbequemlichkeiten;»ganz Paris« könne so »in einem Moment« alle Hinweise sehen, die es benötige. Das Anzeigenblatt sollte alle zwei Wochen erscheinen und war außer im *Bureau* an vierzehn angeführten Verkaufsstellen zum Preis von fünfzehn Deniers erhältlich.[108]

Mehrfach wurden die Vorteile des Anzeigenblatts gegenüber dem herkömmlichen Medium des Anschlagzettels beziehungsweise Plakats hervorgehoben: Letztere würden viel kosten und müssten nicht nur drei- oder viermal, sondern andauernd neu an den Wänden angebracht werden, während mittels Anzeigenblatt die Hinweise viel besser bekannt gemacht werden könnten.[109] Speziell bei der Vermietung von Immobilien sei dieser Weg der geeignetere, weil die üblichen Aushängezettel von fast niemandem gesehen würden, während die *Liste* bei allen Beachtung finde; auf diese Weise könne der Vermieter unter einer größeren Anzahl potenzieller Mieter die Auswahl treffen.[110]

Noch scheint der Gebrauch eines solchen Anzeigenblatts keine Selbstverständlichkeit gewesen zu sein, insbesondere was den Umstand seiner Periodizität betraf: In der Ankündigung wurde eigens betont, dass jede Ausgabe des »Buchs« *(livre)* nur für die zwei Wochen bis zum Erscheinen des nächsten gelte, um zu verhindern, dass es falsche Hinweise gebe. Hinweise würden nur in dem Fall wiederholt, wenn sie noch gültig seien – wenn also beispielsweise noch kein Kaufakt zustande gekommen sei – und dies von der einbringenden Partei erwünscht sei. Eine zweimalige oder dreimalige Aufnahme desselben Hinweises sei somit möglich und würde auch weniger kosten als beim ersten Mal.[111] Zumindest laut Selbstdarstellung war eine Wiederholung nur selten nötig;[112] wenn sie vorkam, stieß dies auf Kritik: Im letzten der zwei erhaltenen Anzeigenblätter wurde erwähnt, dass wegen mancher Wiederholungen Beschwerde laut geworden sei, die *Liste* würde dasselbe enthalten, obwohl dies doch nur zehn oder zwölf Hinweise betroffen habe, während das Zehn- bis Zwanzigfache an neuen Hinweisen in jeder *Liste* enthalten sei. Selbst wenn es viermal so viele Wiederholungen gebe, sei dies kein Grund zur Beschwerde, außerdem gäbe es kontinuierlich neue Käufer der *Liste*, die ein Bedürfnis hätten, die noch gültigen Annoncen zu kennen.[113]

Die Anzeigen waren nummeriert, so dass sie leicht im schriftlichen Register nachgeschlagen werden konnten; sie waren eingeteilt in die drei Kategorien »Immobilien zu vermieten, verkaufen oder zu wechseln«, »Möbel zu verkaufen und diverse Sachen« sowie »Anfragen«. Es fand sich darunter eine Verlustanzeige für einen Hund;[114] Musikinstrumente, Wein sowie Hüte aus der Manufaktur des *Hôpital General* wurden zum Verkauf angezeigt; ein »unbekannter Philosoph« bot ein Heilwasser an. Auch zumindest eine gelehrte Anfrage wurde publiziert: Ein Mann aus einer Provinz meinte, das Geheimnis der von Lykophron aus Chalkis verfassten Tragödie über Kassandra gelüftet zu haben, wollte aber, bevor er sich dies zu veröffentlichen getraute, noch Meinungen Pariser Gelehrter dazu einholen.[115]

Auch wenn im Falle dieses – vermutlich schon Anfang der 1670er Jahre wieder geschlossenen –[116] Adressbüros erstmals dem Anzeigenblatt eine dominante Funktion zukam, bedeutete dies nicht, dass das *Bureau* als Ort der Vermittlung unwichtig wurde: Wer die Register direkt einsah, konnte sich einen Informationsvorsprung verschaffen. Des Weiteren beschränkte sich auch dieses *Bureau d'adresse* – wie schon jenes von Renaudot – nicht darauf, die angezeigten Waren nur zu vermitteln; in manchen Fällen wurde im Anzeigenblatt eigens erwähnt, dass

die jeweiligen Dinge – zum Beispiel ein Siegel oder eine goldene Uhr – in den Räumlichkeiten des *Bureaus* besichtigt werden
konnten.[117]

Der nächste bekannte Pächter des *Bureau d'adresse* war der
Dichter François Colletet (1628–?), der von Juli bis November
1676 das kurzlebige *Journal de la Ville de Paris* beziehungsweise
Journal et Suite des Avis et des Affaires de Paris herausgab, ein Wochenblatt, das in seinem ersten Teil Lokalnachrichten etwa über
Todesfälle, Hinrichtungen, Feierlichkeiten und Gottesdienste
veröffentlichte und im Anschluss daran die Registerauszüge der
ins *Bureau* eingebrachten Angebote und Anfragen.[118]
Anwälten, Notaren, Gerichtsvollziehern und ähnlichen »öffentlichen Personen« versprach Colletet, dass ihre Geschäfte
besser florieren würden, wenn sie sich des *Bureau* bedienten.[119]
Universitätsprofessoren wiederum wurde nahegelegt, ihre Namen bekannt zu geben, um für das nächste Jahr Studenten aus
den Provinzen anzuziehen;[120] in der Folge fungierte das *Journal*
als Vorlesungsverzeichnis.[121] Und schließlich konnten Gelehrte, die außeruniversitär Vorträge abzuhalten gedachten, diese in
Colletets Blatt veröffentlichen lassen.[122]
Was den Erfolg des Colletetschen Unternehmens anbelangt,
so behauptete er bald nach Erscheinen der ersten Ausgabe seines
Journals, dass dieses bereits vielen Personen Profit gebracht habe;
es sei ein »unschuldiger Handel«, der tausend neue Verkaufs-
möglichkeiten eröffne.[123] Wie schon im Falle Renaudots war
auch Colletet vielfachen Anfeindungen ausgesetzt: Böswillige
würden »falsche Gerüchte« gegen seine Einrichtung ausstreu-
en,[124] Gerüchte, die um die Frage der Öffentlichkeit respektive
der Geheimhaltung von Namen kreisten und denen zufolge das
Bureau erfunden worden sei, um anderer Leute Vermögen und
Familiengeheimnisse öffentlich zu machen. Colletet beharrte
demgegenüber auf der Aufrichtigkeit seiner Einrichtung, deren
Benutzung freiwillig sei und in der alle Angelegenheiten mit
Diskretion behandelt würden: Niemand kenne die Absichten

der anderen; außerdem sei es möglich, seine Anliegen auch nur in die Register des *Bureau* eintragen zu lassen, ohne diese per *Journal* der Öffentlichkeit bekannt zu geben.[125] Namen und Adressen der Einbringer wurden in der Regel nur bei Buch- und Immobilienanzeigen angegeben, selbst bei der Annonce eines Ledergeschäfts war nur vermerkt, dass sich dieses in einer der vornehmsten Gegenden von Paris etabliert habe und dass dessen Ort sowie der Name des Inhabers im *Bureau* in Erfahrung zu bringen seien;[126] der Besuch des Adressbüros war also in den meisten Fällen nötig. Zumindest im Fall einer Toilettenkassette wurde die zur Vermittlung angebotene Ware in den Räumlichkeiten des *Bureau* ausgestellt und konnte dort zu einem günstigen Preis erworben werden.[127]

Demnach vollzog sich auch im *Bureau d'adresse* des François Colletet die Enträumlichung der Kommunikation nur partiell, wenn auch die Einbringung der Anliegen schriftlich, per *billets*, erfolgen konnte und im Vergleich zu den Registern das *Journal* das wichtigere Medium war. Doch legte Colletet auch auf die korrekte Führung seiner Register Wert und bat eigens darum, ihn über erfolgreiche Vermittlungsakte zu informieren, um die entsprechenden Einträge als erledigt markieren zu können.[128]

Ab 1679 firmierte der Abbé Eusèbe Renaudot – Enkel von Théophraste Renaudot – als Inhaber des Adressbüroprivilegs; er wird dieses Privileg erst 1717 abgeben. Der Abbé verpachtete das Büro zunächst an einen Jean-Baptist Poiret, ohne dass dies Konsequenzen zeitigte, weswegen Mitte 1681 als neuer Pächter Donneau de Visé eingesetzt wurde.[129] Auch Visés Einrichtung existierte nur kurz, immerhin schaffte er es aber, eine Ankündigung[130] sowie zumindest fünf Ausgaben eines Anzeigenblatts zu publizieren; von Letzterem sind zwei Stück erhalten.[131]

Eröffnet wurde das *Bureau* Anfang Oktober 1681 im Courtneuve des Palais, beim Hauszeichen des Thronfolgers, im ersten Zimmer;[132] es handelte sich dabei um dieselbe Adresse, die der Drucker des Anzeigenblatts, Claude Bageart, innehatte,[133] was dafür spricht, dass hier die Bedeutung des gedruckten Blatts im Vergleich zum Register des Büros nochmals gestiegen war. Das Büro selbst war von 9 bis 13 und von 14:30 bis 18 Uhr geöffnet.[134] Visé begründete seine Unternehmung damit, dass es eine tägliche Nachfrage nach dem Anzeigenblatt, dem *Journal*, gebe. Nichts sei schöner als der Handel, nichts nützlicher, nichts notwendiger, doch wüsste der Großteil der Privatleute, die Dinge suchten, nicht, an wen sie sich wenden könnten, um dieser habhaft zu werden. Mit dem durch das Anzeigenblatt hergestellten »Kanal« werde ein Ort geschaffen, an dem sich die Privatleute gegenseitig zu Diensten sein könnten, in dem sie ohne Aufwand, »nur mittels einer Viertelstunde Lektüre«, das finden könnten, was sie suchten. Besonders betont wurde der Aspekt der Enträumlichung der Kommunikation: Wenn man ein Haus suche, sei es nicht nötig, sein Heim zu verlassen, von Straße zu Straße zu schicken oder selber dorthin zu gehen; stattdessen könne man bequem das *Journal* lesen, »das die Häuser durchdringen würde«.[135] Auch wer in den Pariser Vororten gelegene Gärten mieten wolle, könne sich nun ersparen, zu deren Suche aufwendige Reisen zu unternehmen, da potenziellen Vermietern angeboten wurde, Mietpreise und Beschaffenheit der zu vermietenden Gärten im *Journal* zu veröffentlichen.[136]

Im Vergleich zum Plakat sei der Weg des Anzeigenblatts kürzer und sicherer, ja, es handle sich dabei um ein »mobiles und universelles Plakat«, das in ganz Frankreich gesehen werden könne, während die herkömmlichen Plakate nur für jene sichtbar seien, die zu Fuß gingen, und diese würden sich oft schämen, die Aushänge genauer zu betrachten. Weiter würde die große Anzahl der Plakate Verwirrung stiften, und es würden nur jene ins Auge springen, die frisch an den Wänden angebracht seien.[137] Was die bei Häusern oder Wohnungen gebräuchlichen Aushänge betreffe, so würden diese kaum Beschreibungen der Immobilie enthalten, während das *Journal* veröffentlichen würde, wie dieselbe beschaffen sei.[138]

Das *Bureau* sollte auch als Auskunftsstätte für fremde Reisende dienen: Wer nach Paris komme und wissen wolle, wo es etwas Sehenswürdiges gebe und an wen er sich wenden solle, werde an einen geeigneten Führer verwiesen; auch würden den Reisenden Übersetzer, Buchhandlungen, Akademien, Waffenmeister, Tanzlehrer und die besten Herbergen angezeigt.[139] Visé versicherte den Einbringern, dass der Mitarbeiter des *Bureau* – eventuell er selbst – diskret sei: Wer weder seinen Namen noch seine Adresse veröffentlicht sehen wollte, konnte diese Angaben nur in die Register eintragen lassen, genauso wie es möglich sei, den Preis der angebotenen Ware nur im Register, nicht aber bei der Annonce im *Journal* zu vermerken.[140] Wenn dieses Angebot auch nahelegt, dass die Publikation der Adresse des Einbringers der Normalfall sein sollte, so wurden doch die – zumeist nummerierten – Anzeigen in den zwei vorhandenen Ausgaben des *Journal* üblicherweise anonym veröffentlicht, mit dem Vermerk »Adresse im Büro« (*Adresse au Bureau*).

Ebenfalls aus dem Anzeigenblatt geht hervor, dass die Ware des Öfteren im *Bureau* selbst zum Verkauf ausgestellt wurde: »Diese Tagesdecke ist im Büro«, oder: »Er (ein Teppichboden) ist im Büro.«[141] Es war diese Tendenz, das Büro zur Verkaufsstelle zu machen, die dazu führte, dass es schnell polizeilich geschlossen werden musste.[142]

1687 wurden einem Mitarbeiter des Abbé Eusèbe Renaudot, Nicolas Bardou, die Rechte an der Einrichtung von Adressbüros übertragen. Bardou verpachtete diese Büros umgehend für einen Zeitraum von neun Jahren gegen eine jährliche Pachtsumme von 700 Livres an Claude Brunel, der ein in den Jahren 1688/1689 erschienenes Anzeigenblatt gründete. Ende 1688 wurde dieses *Bureau* von einem gewissen Chaumat übernommen, der die Tätigkeit im folgenden Jahr einstellte, da er damit nicht genug verdiente.[143]

Im zunächst zweimal, dann nur noch einmal pro Monat publizierten Anzeigenblatt dieses Büros – der *Liste générale du*

Bureau d'Adresse et d'Avis bzw. *Liste générale Du Bureau d'Adresse & de Rencontre* – wurde unter anderem darauf verwiesen, dass die bisherigen Einrichtungen dieser Art wegen des schlechten Gebrauchs durch ihre Leiter dem Publikum schändlich vorgekommen seien; nun aber seien die gute Ordnung, die Zuverlässigkeit und die Diskretion wiederhergestellt.[144] Zumindest zweimal wurde betont, dass das Büro nur dem Geben von Verweisen diene;[145] es sollte damit wohl jeder Eindruck vermieden werden, dass das Büro auch eine Verkaufsstätte darstellte. Als Begründung für die Notwendigkeit dieser Einrichtung wurde mehrmals auf die Größe von Paris verwiesen, jene »Hauptstadt nicht nur des Königreichs, sondern der Welt«,[146] in der eben wegen dieser Größe die Mittel, die zum Leben nötig seien, nicht immer leicht gefunden werden könnten.[147] Vom Angebot der Vermittlungsleistungen ist lediglich erwähnenswert, dass dieses am Eingang des Place Dauphine gelegene *Bureau* auch explizit der Arbeitsvermittlung diente.[148]

Was die Funktionsweise anbelangt, so wurde jenen, die nicht selber ins *Bureau* kommen wollten, angeboten, dass sie einen Lakaien mit einer Notiz ihres Anliegens schicken konnten.[149]

Mehrere Jahre existierte ein 1703 von Jean Amilien gegründetes Adressbüro; er hatte es am 27. Februar dieses Jahres von Abbé Renaudot und Nicolas Bardou für zehn Jahre in Pacht genommen, verlängerte nach dieser Frist 1713 die Pacht und blieb bis 1718 Direktor.[150] Auch dieses *Bureau* gab ein Anzeigenblatt heraus, das zweimal im Monat für zwei Sous und sechs Deniers erworben werden konnte; Exemplare davon haben sich aus den Jahren 1703, 1705 und 1707 erhalten.[151]

Abgesehen von den üblichen Dienstleistungen bot das Büro für Personen mit wechselnden Wohnsitzen an, die Dienste eines Postfachs beziehungsweise eines Nachsendeservices zu übernehmen: Wer Briefe aus der Provinz empfangen wollte, konnte als Adresse die des Büros angeben und beim Büro entweder diese Briefe abholen oder eine Nachsendeadresse bekannt geben.[152] Des Weiteren stand Amiliens *Bureau* als Mittler für die Beantwortung von Fragen jeglicher Art zur Verfügung. So veröffentlichte seine *Liste des avis* Mitte Mai 1703 die Anfrage eines Privatmannes, der als Maler wissen wollte, auf welche Weise er Aufnahme in die Akademie der Malerei und Bildhauerei finden konnte, und um Antwort in einem der nächsten Anzeigenblätter bat.[153] Tatsächlich sollte gleich in der nächsten Ausgabe eine umfangreiche, zwei Seiten lange Beschreibung der Aufnahmebedingungen der Akademie erscheinen, aus der der Maler erfahren konnte, dass es notwendig sei, einen Akademieangehörigen als Protektor zu haben; von einem solchen würde er ein gedrucktes und unterschriebenes Billet erhalten, um sich damit bei den Beamten der Akademie vorzustellen.[154]

In der Ankündigung betonte Amilien eigens, dass sein *Bureau* die polizeilichen Reglementierungen exakt befolgen würde, womit wohl gemeint war, dass es nur Verweise auf die im Register und in der *Liste* angezeigten Waren liefern würde, diese aber nicht in seinen Räumlichkeiten zum Verkauf stünden.[155] Und doch, wie schon bei seinen Vorgängern, wurde auch dieses *Bureau d'adresse* zu einer Verkaufsstätte: In der Mitte Juli 1703 erschienenen Liste wurden alle Interessenten dazu eingeladen, die Dinge, die sie zu verkaufen gedachten, dem Büro anzuvertrauen und dort auszustellen, da dadurch den meisten, die das Büro aufsuchten, die Mühe erspart bliebe, den Artikel woanders zu suchen.[156] Tatsächlich wurden in der Folge mehrfach Artikel angeboten, die im *Bureau* zu erstehen waren, darunter ein Buch über neue astronomische Maschinen,[157] zwei Uhren sowie ein Relieftotenschädel aus Achat.[158]

Ende 1706 ließ Amilien das Erscheinen seiner *Liste des avis* aus unbekannten Gründen einstellen; als er ein halbes Jahr später das *Bureau* neu etablierte und wieder eine *Liste* herausbrachte, betonte er, dass das *Bureau* seit seiner Neueröffnung in kürzester Zeit von einer »unendlichen Anzahl von Personen« aufgesucht worden sei; viele Einträge hatte das nun erscheinende Anzei-

48

genblatt jedoch nicht, auch waren acht von zwanzig Seiten der Beschreibung eines Mineralwassers gewidmet.[159]

Auch in den folgenden Jahrzehnten kam es immer wieder zu Adressbürogründungen, wobei sich zumindest partiell ein Trend zur Spezialisierung der angebotenen Dienste feststellen lässt. So gründete ein ehemaliger Soldat 1751 ein Büro zur Vermittlung von Dienstbotinnen und Dienstboten. In einem Lexikoneintrag aus dem Jahr 1779 wurde die in diesem Büro herrschende »gute Ordnung« gerade im Vergleich zu der von Frauen betriebenen Dienstbotenvermittlung sehr gelobt, da das *Bureau* Übeltäter und des Diebstahls angeklagte Personen denunzieren würde. Erhalten ist auch eine Beschreibung der geführten Register: Demnach hatten diese drei Spalten; in der Mitte wurden die Namen der zu vermittelnden Personen eingetragen, die Orte, wo sie gedient hatten, und ihre Kenntnisse; die linke war den guten und schlechten Eigenschaften sowie den ausgestellten Attesten vorbehalten; in der rechten Spalte wiederum wurden die Häuser vermerkt, an die die Arbeitsuchenden vermittelt wurden. Die Einschreibegebühren betrugen zehn Sous für jene, die es sich leisten konnten; die Arbeitgeber hatten bei Einstellung einer vermittelten Person dreißig Sous zu bezahlen und konnten diese, falls sie mit ihr unzufrieden waren, nach einer Probezeit von zehn bis zwölf Tagen ohne weitere Kosten austauschen.[160]

Weiterhin gab es ein eigenes, ab 1770 eingerichtetes *Bureau des nourrices*, das sich der Vermittlung sowie der Beherbergung von Ammen widmete und dieses bislang von ohnehin schon polizeilich überwachten Vermittlerinnen betriebene Gewerbe noch stärker unter obrigkeitliche Kontrolle zu bringen versuchte. Dieses Büro wurde gemeinschaftlich von einem Direktor sowie einer Direktorin geleitet; Letztere führte ein Register über alle den Ammen anvertrauten Kinder – es waren nicht weniger als 10.000 im Jahr. Potenzielle Ammen mussten ein von ihrem Pfarrer ausgestelltes Attest über ihre moralischen Eigenschaften und das Alter ihrer Milch vorweisen und wurden im Büro medizinisch betreut.[161] Solche Büros zur Vermittlung von Ammen wurden auch in anderen Städten errichtet, zum Beispiel in Toulouse.[162] Eigene Büros bestanden außerdem für die Vermittlung von Bäckerjungen, Perückenmacher- und Schustergesellen und weitere Berufsgruppen.[163]

In der zweiten Hälfte des 18. Jahrhunderts entstanden neben diesen spezialisierten Vermittlungsbüros zugleich Adressbüros mit allgemeinem Vermittlungsanspruch, die zumeist als *Bureau de Correspondance* bezeichnet wurden. Von diesen soll hier nur das *Bureau de correspondance, d'adresse et de rencontre* des Denis-Louis de Rabiot de Meslé vorgestellt werden, an den 1756 das Privileg für das Adressbüro gefallen war.[164] Meslé gründete seine Einrichtung noch im selben Jahr, finanziert wurde sie durch die beiden Compagnons Simon Gilly und Pierre-François Goosens. Das in der Unterkunft von Goosens am Place des Victoires angesiedelte *Bureau* sollte unter anderem als Verkaufsstätte dienen und außerdem »den Bewohnern der Provinzen sowie Fremden alle Informationen verschaffen, die sie aus Paris begehren könnten«, worunter auch Auszüge aus Tauf-, Sterbe- und Heiratsbüchern sowie sonstigen Akten fielen. Tatsächlich entfaltete diese Einrichtung bald eine weit über Paris hinausreichende Tätigkeit: In den ersten Monaten ihres Bestehens bat zum Beispiel ein Marquis de Montplaisir aus Nantes darum, ihm den berühmtesten Perückenmacher und Schuhmacher anzuzeigen. Augustin Baron d'Hével aus Wien wiederum gedachte, mittels des *Bureau* einen Landbesitz im Reich zu verkaufen. Der Siebenjährige Krieg sollte die Aktivitäten des *Bureau* vermindern; insgesamt war es ein Misserfolg und wurde 1762 geschlossen.[165]

Londoner *Offices of Intelligence*

Auch in London wurde Montaignes Anregung wahrgenommen, Adressbüros einzurichten. So erlangten der Dichter und Übersetzer Sir Arthur Gorges (gest. 1625) und der Verwalter Sir Walter Cope (ca. 1553–1614) am 5. März 1611 ein für 21 Jahre gültiges Patent zur Errichtung eines *Publicke Register for generall Commerce*.[166] In dessen einleitenden Worten wurde auf das oben zitierte Montaigne-Kapitel Bezug genommen, allerdings ohne den Autor zu erwähnen: Demnach sei »täglich ein großer Mangel in der Verwaltung unseres Staats [zu finden]«,[167] nämlich, dass viele Menschen aus Notwendigkeit oder in der Folge von Unfällen gezwungen seien, Ländereien, Pachtbesitz oder andere Güter und Mobilien wegzugeben, und nur schwerlich Kaufwillige darüber verständigen könnten.

Der Name der neuen Einrichtung wurde mit *The Publique Register for generall Commerce* festgelegt; alternative Bezeichnungen waren *Office or Register of intelligence, or entercourse for Trade and Commerce*. Das Patent erlaubte es, die in den Registern beziehungsweise »Kalendern« zu verzeichnenden Gegenstände auf Veranlassung entweder der Eigentümer oder durch Kommissionäre einschreiben zu lassen. Eigens erwähnt wurde, dass niemand zur Verwendung des *Publique Register* gezwungen werden sollte, sondern dass die Eintragung freiwillig zu erfolgen habe und jeder, der wollte, weiterhin jeden »Schreiber, Makler, Freund, Diener oder Kommissionär« für Vermittlungsdienste beanspruchen könne. Laut Gorges ermöglichten es die Register des Büros, auch außergewöhnliche Güter zu verkaufen, für die sich nur wenige Abnehmer fänden[168] – ein Argument, das entfernt an Chris Andersons Theorie des »long tail« erinnert, der zufolge mit Hilfe des Internets der Verkauf von Nischenprodukten im Verhältnis zu Massenwaren ansteige.[169]

Gorges' und Copes *Publique Register* sollte in erster Linie der Verkaufsvermittlung und der Vermittlung von Geld dienen. Darüber hinaus kündigte es auch an, mit Hilfe eines ganz

England überspannenden Netzes an Büros bargeldlosen Geldtransfer zu ermöglichen: Oft komme es vor, dass Geld in einem anderen Teil des Königreichs bezahlt werden müsse und dass die damit betrauten Träger oder Diener ausgeraubt würden; stattdessen könnten künftig die Zahlungen mittels Eintragung in das Register erfolgen.

Von vornherein rechneten die Betreiber des *Publique Register* mit Kritik, weswegen Gorges betonte, dass die Vermittlungsgeschäfte seines Büros sicher und geheim vor sich gingen und es möglich sei, einen anderen Namen als den des eigentlichen Eigentümers zu verwenden beziehungsweise Freunde oder Kommissionäre zwischenzuschalten; keineswegs gehe es darum, Männer zu betrügen oder ihren Reichtum zu enthüllen. Außerdem sollte das *office* nur der Ort der Vermittlung sein; das zu verleihende Geld beziehungsweise die zu verkaufenden Güter sollten nicht im Büro aufbewahrt werden, sondern an dem Platz, den die Eigentümer dafür vorgesehen hätten.[170]

Diese Klarstellungen verhinderten nicht, dass es zu Kritik kam. In der zweiten, 1612 erschienenen Auflage seiner Ankündigung klagte Gorges darüber, dass es Falschmeldungen über die geplante Einrichtung gegeben habe, weswegen er die Funktionsweise seines Büros präzisierte: So stellte er fest, dass im Register die Namen der Verleiher und Leiher sowie die Beschaffenheit des Pfands nicht eingetragen würden; diese würden nur auf einem *private paper* notiert, und dies nur für die Dauer der Vertragsverhandlungen; bei Abschluss des Vertrags würde diese Notiz ungültig gemacht und den Parteien wieder ausgehändigt werden. Weder sollte der Ausleiher den Namen des Verleihers wissen noch umgekehrt; die Bediensteten des Büros wiederum müssten einen körperlichen Eid schwören, die Verschwiegenheit zu garantieren. Noch einer weiteren Verdächtigung musste Gorges entgegentreten: der nämlich, dass im Register ein Mysterium oder *policie* des Staates lauern würde, womit wohl gemeint war, dass staatliche Behörden Einblick in die Register nehmen würden. Solcherlei Bedenken versuchte Gorges zu zerstreuen, indem er festhielt, dass das Büro den Regeln der Ehre und Diskretion verpflichtet sei.[171]

Es ist nicht bekannt, inwieweit Gorges' und Copes *Publique Register* über das Projektstadium hinauskam; in der Broschüre von 1611 jedenfalls wurde erwähnt, dass der Ort des Büros noch nicht feststehe und dass auch noch Bedienstete dafür gesucht werden müssten.[172] Im Jahr darauf konnte Gorges zumindest eine Adresse für das Büro angeben: Demnach befand es sich im »neuen Bricke-Gebäude, beim Middle temple Gate«.[173] Ob und in welchem Ausmaß von dort aus die beabsichtigten Vermittlungstätigkeiten betrieben wurden, ist nicht dokumentiert. Auffallend am *Publique Register* ist die Beschränkung auf Verkaufs- und Geldvermittlung: Abgesehen von den Plänen, die an die Errichtung eines Banknetzes erinnern, verfolgten Cope und Gorges keine darüber hinausgehenden Bildungsabsichten, wie dies später bei Renaudot und Hartlib der Fall war; auch an die Herausgabe eines Anzeigenblatts wurde noch nicht gedacht.

Der nächste Versuch, in London ein Adressbüro zu gründen, ist für 1637 dokumentiert:[174] Im Dezember dieses Jahres erlangte Captain Robert Innes (auch Innis oder Innys), ein Schotte und Anhänger Karls I., die Ausstellung eines Patents für ein *Office of Intelligence*. Das für 41 Jahre bewilligte Patent erwähnte Vorläufer dieser Einrichtung in Venedig und Konstantinopel und berief sich auf das nunmehr in Paris existierende *Bureau d'adresse*. Es erlaubte Innes, eine Reihe von Dienstleistungen anzubieten, namentlich Arbeitsvermittlung für Dienstboten, das Wiederfinden verlorenen Eigentums, das Auffinden von Ehemännern im Ausland, deren Frauen keine Nachrichten hatten, weiter das Heimbringen verlorener Kinder sowie die Aufklärung von Mord- und Raubfällen – das Adressbüro sollte somit Aufgabenbereiche übernehmen, die später der Polizei vorbehalten waren. Überhaupt wurde Innes zugestanden, »alle Geschäfte und Nachrichten [intelligences] welcher Art auch immer zu vermitteln«.[175]

Es ist nicht bekannt, ob Innes' Einrichtung jemals ihre Tätigkeit aufnahm; wirkmächtig blieb sie insofern, als auf Grundlage seines Patents zwanzig Jahre später versucht wurde, gegen andere, damals schon bestehende Adressbüros in London vorzugehen.

Zehn Jahre nach dem Patent für Innes, noch während der Endphase des Bürgerkriegs, beschäftigte sich in der zweiten Hälfte der 1640er Jahre der Kreis um den protestantischen Gelehrten Samuel Hartlib – ein Glaubensflüchtling aus dem preußischen Elbing – intensiv, wenn auch größtenteils erfolglos mit der Konzeption eines *Office of Address*.[176] Als Vorbild dafür diente nicht zuletzt das *Bureau d'adresse* von Théophraste Renaudot, das Hartlib seit spätestens 1639 wahrgenommen hatte[177] und dessen Broschüren er sich von seinen Korrespondenten aus Paris – vor allem dem Bibelgelehrten Arnold Boate (1606–1653) – zuschicken ließ.[178] Inspiriert war Hartlib auch von Utopien wie dem in Francis Bacons *Nova Atlantis* skizzierten Haus Salomons oder Gabriel Plattes' *Macaria* sowie von real existierenden Orten des Austauschs wie der Londoner Warenbörse und den Poststationen. Montaignes Adressbüro-Vorschlag war ihm ebenso bekannt wie das Jahrzehnte zuvor von Gorges und Cope betriebene Projekt des *Publique Register for generall Commerce*.[179]

Der Tätigkeitsbereich des vorwiegend von Hartlib und seinem Kollegen John Dury entworfenen *Office* sollte noch umfassender sein als der des Pariser Pendants; gedacht war an eine weitgespannte Bildungseinrichtung und Sammelstätte allen verfügbaren Wissens, die auch der Politikberatung diente: Das *Office* sollte es den an einer Reform von Kirche und Königreich interessierten Parlamentariern ermöglichen, zu jeder Zeit die »Anatomie der Eingeweide von Kirche und Staat« in den Blick zu nehmen, und damit Entscheidungsfindungen erleichtern. Das unter parlamentarische Aufsicht zu stellende und mit einem Privileg zu versehende Büro sollte alle menschlichen Bedürfnisse erfüllen und zu einer »wohlgeordneten Gesellschaft«

beitragen. In den Händen derer, die seine Dienste in Anspruch nehmen würden, gliche es einer »Maschine«, die alles Verwirrte in Ordnung und die Mängel des Gemeinwesens zum Vorschein bringe.[180]

Die neue Einrichtung sollte aus zwei Sektionen bestehen: einerseits aus einem *Office of Address for Communications*, das der Vermittlung »geistiger« Dinge – namentlich Informationen in Angelegenheiten der Religion, des Lernens sowie der Erfindungen – gewidmet sein sollte. Als Standort dafür war wegen der dort befindlichen Bibliothek Oxford vorgesehen, und Hartlib war die Direktorenstelle zugedacht.[181] Das öffentlich zu finanzierende Büro war als Ort des intellektuellen Austauschs konzipiert; seine Expertise sollte auch dafür genutzt werden, Fehler in Religionssachen zu korrigieren, um weitere Kirchenspaltungen zu verhindern. Außerdem sollte es die pädagogischen Bemühungen von Comenius unterstützen, der wenige Jahre zuvor auf Einladung Hartlibs den Winter 1641/1642 in England verbracht hatte. Direktor Hartlib sollte dazu autorisiert sein, nicht nur »Register, Inventare, Kataloge und Listen« zu führen, sondern auch mit Gelehrten inner- und außerhalb Englands zu korrespondieren sowie über Gelder für die Versorgung von Reisenden und für Zuwendungen an bedürftige Gelehrte zu verfügen.[182]

Die zweite Sektion wurde *Office of Address for Accomodation* genannt und sollte profaneren Dingen dienen, nämlich der Vermittlung von Dienstleistungen und Gegenständen des alltäglichen Bedarfs. Als Standort dafür schlugen Hartlib und Dury London vor.[183] Dem Direktor – handschriftliche Aufzeichnungen legen nahe, dass für diesen Posten der Sozialreformer Henry Robinson vorgesehen war[184] – war ein eigenes Haus zugedacht, und er sollte dem Staat einen Treueeid schwören. Eigens erwähnt wurde, dass die Angestellten dieses *Office* ausreichend zu bezahlen seien, damit sie von ihrem Lohn leben könnten.[185]

Am Pariser Vorbild orientierten sich Hartlib und Dury, was den Umgang mit arbeitssuchenden Frauen betraf: Diese sollten das *Office* nicht betreten, sondern an ihrer Statt Männer mit ihrem schriftlich formulierten Anliegen in das Büro schicken; das *Office* würde dieses an würdige Frauen weiterleiten, die dann die Arbeitsvermittlung in die Hand nehmen würden.[186]

Auch an eine englandweite Ausdehnung war gedacht: In jeder größeren Stadt sollte ein Adressbüro eingerichtet werden, was insbesondere für Reisende, die keine sozialen Kontakte besäßen, hilfreich sei, da sie mit dessen Hilfe Beherbergungsstätten finden könnten.[187]

Während es keine Belege dafür gibt, dass die bisher angeführten Londoner Adressbüro-Projekte verwirklicht wurden, hatte ein 1649 vom Journalisten und Prediger Henry Walker mittels Einblattdruck sowie in seinem Newsbook angekündigtes *Office of Ent(e)ries or Publique Register* zumindest kurzfristig Bestand: Es versprach, nach Vorbild ähnlicher Einrichtungen in Paris und Amsterdam Arbeitsvermittlung für Männer und explizit auch Frauen, weiterhin Unterstützung bei der Rekrutierung von Soldaten sowie Immobilien-, Geld- und Warenvermittlung anzubieten.[188] Auch sollte die Abfahrt von Schiffen bekannt gegeben und überhaupt alles, was der Öffentlichkeit sonst auf teurem Weg mitgeteilt wurde, schnell verkündet werden.[189]

Walkers *Office* wurde am 20. August 1649 in der King Street in Westminster eröffnet, ein Newsbook namens *Perfect Occurences* publizierte Registerauszüge vorwiegend von Immobilienangeboten und Stellengesuchen.[190] Das Gebäude des *Office* diente dabei nicht nur profanen Vermittlungsakten, sondern auch der Bildung: Jeden Freitag fand in dem unter dem Büro befindlichen großen Saal Unterricht in Hebräisch statt, der Alt und Jung gratis angeboten wurde.[191] Mit dem im September 1649 ausgesprochenen Verbot der Newsbooks verschwinden die Spuren dieses ersten in London eingerichteten Adressbüros.[192]

Im folgenden Jahr 1650 erschien wieder eine Ankündigung eines Adressbüros, diesmal verfasst vom bereits erwähnten Sozialreformer Henry Robinson (ca. 1605–1676),[193] was manchen Autor dazu veranlasste, darin eine Verwirklichung der weltlichen Sektion von Hartlibs *Office of Address* zu sehen.[194] Explizite Hinweise darauf lassen sich in der betreffenden Broschüre allerdings nicht finden, und es ist auch ungewiss, wie lange die *Office of Adresses and Encounters* genannte Einrichtung existierte. Angesiedelt war dieses Adressbüro in der Threadneedle Street gegenüber der Castle Tavern in der Nähe der Old Exchange, die Broschüre vergaß auch nicht, die Öffnungszeiten – Montag bis Samstag von 8 bis 12 und von 14 bis 18 Uhr – zu erwähnen. Robinson argumentierte, dass insbesondere Arme von einem solchen *Register of Adresses* bzw. *Center of Intelligence* profitieren würden, da sie mittels Adressbüro nicht mehr gezwungen seien, so viel Zeit für die Arbeitssuche oder den Verkauf der von ihnen produzierten Güter zu verwenden; ein weiterer Vorteil des Adressbüros sei, dass die von ihm angebotene Warenvermittlung den Zwischenhandel ausschalte, was sowohl Käufer als auch Verkäufer nützlich sei. Was die Gebühren betraf, so brauchten Arme für die Benutzung der Register nichts zu zahlen, alle anderen hatten pro Eintrag bzw. Auszug sechs Pence zu begleichen. Neben der Arbeitsvermittlung für Männer *und* Frauen sowie den Dienstleistungen einer Verkaufsagentur bot Robinsons *Office* Geld- und Immobilienvermittlung, Geldwechsel, Hilfestellung bei der Übersiedlung in Kolonien und dem Finden einer Reisebegleitung, die Erfassung verlorener Gegenstände, Informationen über die Ankunft von Schiffen samt Angaben zu deren Fracht und schließlich Heiratsvermittlung an: Sofern jemand sich oder Freunde verheiraten wollte, würde er vom *Office* informiert, welche Begegnungen (*encounters*) sich dafür anböten, mit Angaben zur Person und zur Mitgift gleichermaßen.[195]

Auf Robinsons Gründung folgten weitere Ankündigungen und Eröffnungen von Adressbüros: So publizierte noch 1650 Adolphus Speed, ein auf Landwirtschaft spezialisierter Gelehrter aus dem Umfeld von Hartlib, die Broschüre seiner *General Accomodations by Adresse*; sie sollte Geld-, Immobilien- und Arbeitsvermittlung anbieten, die Erfassung verlorener und gestohlener Gegenstände, Unterstützung bei Prozessen, Schuldeneintreibung und Hilfe bei der Übersiedlung in die Kolonien.[196] Ebenfalls aus dem Hartlib-Kreis stammte Cressy Dymock – wieder ein Landwirtschaftsexperte –, der Vorschläge für ein eigenes Adressbüro für Dienstboten, ein *Office of Addresse for Servants*, zu Papier brachte;[197] ein Edward Tooly gab 1655 ein Schema für ein *Office for Generall accommodation of all people* heraus.[198]

Zumindest vier Monate, von Mai bis September 1657, bestand das *Office of Publick Advice* des Journalisten Marchamont Nedham;[199] es wurde in seiner Zeitung *Mercurius Politicus*[200] und vor allem per in Buchhandlungen erhältlichem Einblattdruck angekündigt.[201] Hauptmedium der Vermittlung war in diesem Fall der *Publick Adviser*, ein Anzeigenblatt. Die in den Büros aufbewahrten Register hatten demgegenüber nur den Charakter eines Hilfsmittels; potenzielle Kunden, die eine Ausgabe des *Publick Adviser* erworben hatten, brauchten sich in vielen Fällen nicht an das *Office* zu wenden, um Namen und Adresse des Inserenten ausfindig zu machen, da bei den Annoncen oft eine Kontaktperson samt deren Adresse angegeben wurde. Dabei konnte es sich um den Einbringer der Annonce selbst handeln – wie zumeist bei den Anzeigen der abfahrenden Schiffe, deren Kapitäne zu bestimmten Zeiten in der *Exchange*, also der Kaufmannsbörse, oder in einem der umliegenden Wirtshäuser anzutreffen waren [202] – oder um traditionelle Mittelspersonen wie Schreiber, deren Büros sich ebenfalls in der Nähe der *Exchange* befanden.[203]

Ebenfalls nur kurz Bestand hatte ein 1659 von Oliver Williams in Cornhill, in der Nähe der *Old Exchange* errichtetes *Office of Intelligence*, das im Gegensatz zu Nedhams Methode, die suchenden Personen mittels des Anzeigenblatts direkt an die Kontaktpersonen zu adressieren, den traditionelleren Weg beschritt, indem es zwar sehr wohl ein Blatt veröffentlichte, darin aber an einem Anzeigeninhalt interessierte Parteien dazu aufrief, sich an das Büro zu wenden.[204]

Das Einsetzen der Restauration bedeutete weder das Ende der Adressbüros noch der Anzeigenblätter; das Monopol dafür wurde 1663 dem royalistischen Schriftsteller und Zensor Roger L'Estrange übertragen, der dieses Privileg in der Folge verpachten sollte.[205] Im September 1666, nach dem großen Feuer von London, initiierte er die Errichtung eines eigenen *Office of Intelligence* für jene Personen, die in Folge des Feuers ihre Unterkunft hatten wechseln müssen und die an ihre alte Bleibe gerichtete Briefe an ihre neue Adresse weitergeleitet bekommen wollten; neben diesem Service der Bekanntgabe der Adressänderung sollte das *Office* auch der Meldung verlorener und gefundener Gegenstände dienen.[206]

Spätestens ab 1672 begann die Ära des in der Nordwest-Ecke der *Royal Exchange* untergebrachten *Mercury Office*,[207] in dem zu den Öffnungszeiten der Börse ein Buchhalter bereit war, die Begehren der Besucher zu registrieren. Angeboten wurde unter anderem Arbeitsvermittlung für Dienstboten. Das *Mercury Office* gab ein eigenes Anzeigenblatt heraus, den *City Mercury* beziehungsweise *Mercury; or Advertisments Concerning Trade*, das in den Jahren einer weniger restriktiven Pressepolitik – nämlich 1679 bis 1682 – allerdings Konkurrenz durch unlizenzierte Annoncenblätter erhalten sollte. Dies hatte zur Folge, dass das *Mercury Office* auch Anzeigen in politischen Zeitungen schaltete.[208] Mit dem Ende der Zensur 1695 kam es zu einer zunehmenden Überschneidung von politischen Zeitungen und Anzeigenblättern, wenn auch Letztere weiter separat erschienen.[209]

Generell gilt, dass der Begriff *Intelligence Office* gegen Ende des 17. Jahrhunderts Einrichtungen mit schlechter Reputation bezeichnete: Ihnen wurde vorgeworfen, Arbeitsuchende um ihr Geld zu betrügen oder in die Kolonien zu schicken.[210]

Eine Neugründung, die einen etwas größeren Bekanntheitsgrad erreichen sollte, war das am 19. Februar 1750 vom Schriftsteller Henry Fielding und seinem blinden Halbbruder John Fielding eröffnete *Universal Register Office*.[211] Es befand sich in The Strand, nahe der Southampton Street gegenüber der Cecil Street, und als Eigentümer trat eine Gesellschaft von *Gentlemen* auf, der unter anderem Saunders Welch und eventuell Peter Taylor angehörten. Um die neue Einrichtung bekannt zu machen, wurden in Kaffeehäusern Beschreibungen verteilt und Annoncen in Zeitungen geschaltet;[212] schließlich veröffentlichten die Gebrüder Fielding eine Broschüre, die ein Jahr nach Eröffnung des *Office* am 21. Februar 1751 erschien und in den folgenden Jahren wiederholt aufgelegt wurde.[213]

Die einleitenden Passagen dieses *Plan of the Universal Register-Office* waren vermutlich von Henry Fielding verfasst und sollten das Unternehmen rechtfertigen; dessen Ziel sei es, »die Welt (...) zusammen an einen Platz zu bringen«,[214] eine Beschreibung, die der Selbstdarstellung von Google durchaus ähnelt: »Das Ziel von Google ist es, die Informationen der Welt zu organisieren und für alle zu jeder Zeit zugänglich und nützlich zu machen.«[215] In einer Gesellschaft, die äußerste Perfektion erlangen wollte, dürfe kein Talent müßig und unbeschäftigt herumliegen; alle Wünsche ihrer Mitglieder, die erfüllbar seien, müssten erfüllt werden. Für Zwecke des Handels seien Messen, Märkte und Börsen erfunden worden, doch seien diese nicht ausreichend, da sie nicht »universal« seien. Es bräuchte einen »universalen Mittelpunkt«, wo alle Mitglieder der Gesellschaft ihre Wünsche und Talente mitteilen könnten. Gerade in großen und volkreichen Städten sei jede menschliche Begabung unter den Bewohnerinnen und Bewohnern verstreut; eine Person, die nach einem speziellen Talent begehrte, müsse wissen, wo dieses zu finden sei, und genau dies sei die Schwierigkeit, die mit Größe der Gesellschaft zunehme. Das *Universal Register Office* der Gebrüder Fielding versprach Abhilfe: Es bringe Käufer und Verkäufer, Lehrer und Schüler, Meister und Lehrling,

Dienstherr und Diener miteinander in Kontakt. Die Compagnons verwiesen auch auf Montaigne, um den Nutzen ihres Unternehmens zu unterstreichen.[216]

Im zweiten – vermutlich von John Fielding verfassten[217] – Teil der Broschüre wurden die einzelnen Dienstleistungsangebote des *Office* angeführt: zuerst die Vermittlung von Immobilienverkäufen. Die Verwendung der Register des Büros habe den Vorteil, dass jeder Gentleman, der eine Immobilie zu kaufen gedachte, binnen einer Minute über das Angebot informiert sei. Die zwei Parteien oder deren Agenten könnten zusammengebracht werden, ohne dass sie Mittelsmänner anstellen müssten; auch seien sie nicht genötigt, einen öffentlichen Anschlag anbringen zu lassen. Letzterer sei ohnehin nur für einen Tag sichtbar, obwohl er das Vier- bis Zwanzigfache der Registrierung im Büro koste; obendrein gebe er die Verhältnisse des verkaufswilligen Besitzers seinen Nachbarn bekannt. Angeboten wurde weiterhin die Vermittlung zu vermietender Unterkünfte oder Häuser sowie Geld-, Arbeits- und Verkaufsvermittlung für Güter aller Art, schließlich auch die Weitergabe von Reiseinformationen zu abfahrenden Schiffen und Mitfahrgelegenheiten nach Bath. Die Kosten für Registrierung bzw. Erstellung eines Auszugs betrugen zwischen drei Pence und einem Shilling und waren damit eher niedrig; die Betreiber betonten überdies, dass das *Office* »mit äußerster Sorgfalt, Regelmäßigkeit und Treue und so viel Geheimhaltung, wie von den Parteien selbst erwünscht, geführt« würde.[218]

Die Einbringung der Anliegen sollte schriftlich, in Form von möglichst genauen Beschreibungen der gesuchten Personen oder Dinge erfolgen, um eine schnelle Abwicklung der Anfragen zu ermöglichen und unnötige Fragen zu vermeiden. John Fielding betonte, dass keine Beschreibung zu detailliert sein könne. Theoretisch war es somit möglich, dass die Beschreibungen nicht von den anfragenden Parteien selber, sondern von Boten an das *Office* geschickt wurden; dessen Betreiber bevorzugten es allerdings, wenn die einbringenden Damen und Herren persönlich vorbeikamen, um für allfällige Nachfragen zur Verfügung zu stehen. Erst wenn das Publikum an die Methoden des *Universal Register Office* gewöhnt sei, könnten die Geschäfte auch mittels Brief abgewickelt werden.[219]

Registerauszüge sollten in Form von Annoncen in Zeitschriften veröffentlicht werden; da sich aber die bestehenden Anzeigenblätter teils weigerten, die Annoncen des *Universal Register Office* abzudrucken – sie nahmen die neue Einrichtung als Konkurrenz wahr –, gründeten die Fieldings zunächst ein eigenes Blatt, das *Covent Garden Journal*. Dieses erschien knapp ein Jahr lang – von Januar bis November 1752 – und publizierte neben moralischen und literarischen Texten auch Börsenberichte und Anzeigen; es sollte dazu dienen, das Büro bekannt zu machen. Nach der Pleite des *Covent Garden Journal* wurden Annoncen in einem neuen Anzeigenblatt, dem *Public Advertiser,* veröffentlicht, an dem die Gebrüder Fielding Anteile besaßen.[220]

Das *Universal Register Office* scheint auf die Vermittlung von Dienstboten und Dienstbotinnen spezialisiert gewesen zu sein. Die Fieldings behaupteten, binnen Jahresfrist Hunderte davon an Dienstherren und Dienstherrinnen weitergeleitet zu haben. Besonders stark priesen sie die disziplinierende Wirkung, die die Registrierungsprozedur auf die Diener ausüben würde: Von diesen wurden nicht nur Namen, Aufenthaltsort, Qualifikation, Alter und Familienstand erfasst, sondern auch Angaben über ihren letzten Wohnort, die Dauer des dortigen Aufenthalts, ihren Leumund und ob sie die Pocken gehabt hatten. Kein Diener, keine Dienerin sollte registriert werden, der oder die verdächtig erschien oder an einem verrufenen Ort wohnte; auch wurden Dienstherren und -herrinnen zur Denunziation aufgerufen: Jene, die einen Diener oder eine Dienerin wegen einer Verfehlung entlassen hätten, sollten einen Brief an das Büro schreiben, der oder die Betreffende würde dann nicht mehr registriert werden.[221] Die Sorge um die Disziplin war so groß, dass 1755 ein eigener Katalog von 24 Geboten für Dienstboten erstellt wurde, der unter anderem besagte, dass niemals Familienangelegenheiten weitererzählt werden sollten und Trunkenheit zu vermeiden sei.[222] Es wundert nicht, dass die derart praktizierte Stellenvermittlung von den Fieldings auch als Mittel der Kriminalitätsbekämpfung angepriesen wurde, da für die meisten Verbrechen vom rechten Weg abgekommene Dienstboten verantwortlich gemacht wurden. Das *Universal Register Office* könne demgegenüber dafür garantieren, dass es unschuldige Neulinge vom Land, die in die Stadt kämen, vor Betrügerei schütze.[223] Diese Ausübung quasi-polizeilicher Aufgaben wurde noch durch Henry Fieldings seit 1748 praktizierter Tätigkeit als Friedensrichter für Westminster und Middlesex verstärkt. In dieser Funktion befragte er Tausende Verdächtige und urteilte ähnlich über deren Glaubwürdigkeit, wie dies die Angestellten des *Universal Register Office* in Bezug auf die Aussagen der Dienstboten taten.[224] Die im Adressbüro gepflegte Registerführung wurde auch in Fieldings Amtsbüro verwendet, um Informationen über Betrügereien und sonstige Verbrechen an einem Ort zu sammeln; weiter wurden dort Register aller Verbrecher, der verübten Raube, aller verlorenen Güter sowie der Namen und Beschreibungen angeklagter Personen geführt. Das *Covent Garden Journal* wiederum wurde von Fielding dazu benutzt, Aufrufe zu lancieren, für die Verbrechensbekämpfung relevante Informationen zu liefern.[225]

Die Institution der Gebrüder Fielding scheint sehr erfolgreich gewesen zu sein: Nach John Fielding sollen sich vor den Toren des Büros eine »große Menge an Personen von Lebensart« gedrängt haben, die lange auf ihren Einlass warten mussten; im April 1752 wurde schließlich eine Filiale in der Bishopsgate Street in der City eröffnet.[226] Manche der bisherigen, oft als unseriös verschrienen Arbeitsvermittlungsstellen änderten ihren Namen von *Intelligence Office* in *Register Office*, um vom Ruf der neuen Einrichtung zu profitieren. Laut John Fielding traten diese Unternehmungen auch unter dem Namen der Fieldings auf. Er versuchte, sich dagegen zu wehren, indem er vor derlei

Praktiken warnte und die unerwünschte Konkurrenz der Fälschung bezichtigte.[227]

Zu einer größeren Auseinandersetzung kam es, als der aus Brüssel stammende Philip D'Hall(o)uin in der King Street ein *Public Register Office* einrichtete, das ähnliche Dienstleistungen wie das *Universal Register Office* anbot und für die erstmalige Registrierung eines Anliegens keine Gebühr verlangte.[228] Die beiden Büros lieferten sich in der Presse einen regelrechten, mit Anzeigen und Gegenanzeigen ausgefochtenen Kleinkrieg: Gemäß der Fieldingschen Darstellung hatte D'Halluin das *Universal Register Office* ursprünglich aufgesucht, um eine Stelle als Sprachlehrer zu finden, hatte dann aber viel Zeit im Büro verbracht und Einsicht in die Register bekommen, bevor er dann auf einmal verschwand und mit dem angeeigneten Wissen sein eigenes *Office* eröffnete. Nach D'Halluins Version wiederum hatte er selbst viel unentgeltliche Arbeit für die Gebrüder Fielding geleistet und wurde abgewiesen, sobald er danach begehrte, als deren Partner aufgenommen zu werden.[229] Folgt man der Analyse Lance Bertelsens, handelte es sich bei diesem Streit um eine Art »Miniaturversion von Klassenkampf«, was sich nicht nur in der abschätzigen Behandlung D'Halluins durch die Gebrüder Fielding zeigte, sondern auch in der Art und Weise, wie die beiden Büros zumindest rhetorisch mit Dienstboten umgingen: Während die Fieldings einseitig die Position des Dienstherren bzw. der Dienstherrin bezogen und Fragen der Disziplin in den Vordergrund rückten, nahm D'Halluin eine freundlichere Haltung gegenüber den Dienerinnen und Dienern ein und betonte den beiderseitigen Nutzen, der Dienstherr und Diener durch die Serviceleistung des *Public Register Office* erwachse.[230]

Nach Henry Fieldings Tod im Oktober 1754 führte John Fielding den Betrieb weiter, bevor er ihn 1761 seinem Angestellten Thomas Adams übergab. Ein paar Jahre später resümierte John Fielding, dass ein solches Unterfangen nur als Monopol geführt werden könnte und die daraus erzielten Einkünfte an die Regierung fließen sollten.[231]

Zu diesem Zeitpunkt hatten die *Register Offices* allerdings schon wieder einen ähnlich schlechten Leumund wie zuvor die *Intelligence Offices*: In einem Pamphlet von 1757 wurde ihnen vorgeworfen, dass nur die schlechtesten Diener solche Einrichtungen zur Arbeitssuche benutzen, und nur die schlechtesten Herren von dort vermittelte Diener anstellen würden. Eventuell lag dies darin begründet, dass die Befragungsprozeduren als entwürdigend und herabwertend empfunden wurden und arbeitswillige Dienstboten und Dienstbotinnen zu potenziellen Dieben und Prostituierten stempelten.[232] Noch Ende des 18.Jahrhunderts bezeichneten ausländische Beobachter die Londoner *Adreßbureaus für Bediente* als *eben so bequem, als schädlich*:

Brauche ich eine Köchin, eine Stubenmagd, einen Tafeldecker, einen Kammerdiener, so gehe ich in eine solche Expedition und sage es einem der Schreiber. Zur Stunde, die ich bestimme, stellen sich mir fünf, sechs und mehr Subjekte dar. Ich wähle eines oder verwerfe sie alle, nachdem ihr Ansehn, aber besonders ihr geschriebnes Zeugnis mir mehr oder weniger genug thut, Dem Schreiber bezahle ich wenig und nicht eher, als bis ich meinen Mann gefunden habe. Doch muß ich mich sehr hüten, nicht hintergangen zu werden, weil nichts gewöhnlicher ist, als falsche Zeugnisse, ob mir gleich das Gesetz dawider großes Recht verschafft. Das Schädliche dieser Expeditionen ist, daß sie ein immer offener Zufluchtsort böser oder fauler Dienstboten sind; denn diese achten nicht wie oft sie verabschiedet werden, weil es ihnen nicht fehlen kann, in ein paar Tagen sich anders wo zu vermiethen.[233]

Reiche Familien würden auf die Hilfe solcher *Miethämte[r]* verzichten und stattdessen lieber gleich Anzeigen in den Zeitungen schalten, eine Praxis, die auch von fähigen Dienstboten bevorzugt würde: Nur selten müssten Letztere länger als einen Monat warten, bis sie eine Stelle gefunden hätten.[234]

Überhaupt wurden die *Register Offices* beschuldigt, Prostitution nicht etwa zu verhindern, sondern zu fördern, indem sie die

Dienstbotinnen den Dienstherren an sogenannten *show days* wie eine Ware präsentierten;[235] auch in dem von Joseph Reed verfassten Theaterstück *The Register Office* wurde konstatiert, dass diese das »gute alte Gewerbe der Zuhälterei« ausüben würden:[236] Unter dem Vorwand, gute Arbeitsplätze zu vermitteln, würden die entsprechenden Büros junge Frauen anlocken und diese dann zur Prostitution verführen.[237] Allerdings gilt, dass das *Universal Register Office* der Gebrüder Fielding von diesen Vorwürfen explizit ausgenommen wurde: Auch die schärfsten zeitgenössischen Kritiker der *Register Offices* stellten es als seriös und vorbildlich dar.[238]

Deutschsprachige Ideen und Realisierungen im 17. Jahrhundert

Das Wiener *Fragstuben*-Projekt des Johannes Angelus de Sumaran

In Wien ergab sich bereits wenige Jahre nach Eröffnung des Pariser *Bureau d'adresse* die Möglichkeit, eine vergleichbare Einrichtung zu installieren. Die Initiative dazu ging von einem gewissen Johannes Angelus de Sumaran (auch: Juan Àngel de Zumaran) aus, einem Ende des 16. Jahrhunderts in der baskischen Provinz Guipúzcoa geborenen Sprachlehrer, zu dem nur wenige biographische Daten bekannt sind:[239] Er entstammte einer adligen Familie und tauchte nach Zwischenstationen in Brüssel, Ingolstadt und München[240] 1622 in Wien auf, wo er in den Matrikeln der Universität als »prof. linguarum« geführt wurde.[241] Seit Anfang der 1610er Jahre hatte er Spanisch, Italienisch und Französisch sowie Tanzen unterrichtet;[242] im Herbst 1636 ersuchte Sumaran bei Erzherzog Leopold Wilhelm darum, für sich und seine Familie ein Privileg für eine *offentliche fragstuben* zu erlangen.[243] In seinem Gesuch verwies er zunächst darauf, dass es bereits in vielen fremden Ländern und Städten *gewisse tabernen oder öffentliche stuben* gebe. Wer etwas kaufen oder verkaufen wolle, könne sich dort anmelden und *nach allen sachen fragen*. In nicht mehr als *in einer viertl stundt* würde er erfahren, ob sich sein Begehren befriedigen ließ. Da Sumaran erwähnte, dass er im Gebrauch solcher Einrichtungen *woll erfahren* sei, ist zu vermuten, dass er diese unter anderem dazu verwendete, um seine Dienste als Sprachlehrer anzubieten. Als explizites Vorbild führte er Paris an, wo *ein Doctor Medicinae* – also Renaudot – *dises neulich inventiret* habe.

67

Die Fragstube sollte zunächst als Verkaufsagentur für bewegliche und unbewegliche Güter dienen. Von jedem Kauf- oder Verkaufswilligen sollten sechs Kreuzer Einschreibungsgebühr verlangt werden, explizit waren auch Frauen als Benutzerinnen vorgesehen. Sumaran schlug überdies vor, dass die neue Einrichtung als eine Art Meldeamt beziehungsweise Büro für Auskünfte über Aufenthaltsort und Leumund der Stadtbewohner genutzt werden könnte: Mit ihrer Hilfe könne man erfahren, was für Leute in der Stadt seien, wo sie herkämen, *was ihr thuen und lassen sey, wo sie wohnen, undt mit wem sie sich aufhalten* und von welchem Schlag sie seien. Auch sollte Arbeitsvermittlung betrieben werden: Leute, die *promoviert* werden wollten, könnten in der Fragstube ihre Namen samt Wohnstätte und Fähigkeiten einschreiben lassen, während auch Namen und Ort derjenigen *Herrn oder Frauen, die solliche leith begeren*, registriert werden sollten. Zu den weiteren Dienstleistungen zählte die Wohnungsvermittlung: *Wan frembde leuth herkhomen undt wollten gern auf ein Zeit ein khost oder mobiliertes Zimmer haben*, so könnten sie dieses zugewiesen bekommen.

Darüber hinaus schlug Sumaran vor, dass die *Fragstube* die Funktion eines Debattierklubs, wenn nicht gar einer Akademie übernehmen könnte: *[A]llerley sprachen und freye künsten* sollten dort ausgeübt werden, und wöchentlich sollte eine Diskussion über eine der neuen Nachrichten veranstaltet werden. Jeder – insbesondere *geschikte, wollgeraiste undt belesene leüth* – sollte seine Meinung sagen können und dabei von niemandem ausgelacht werden. Der *discurs* sollte aufgeschrieben werden und bei der Fragstube verbleiben. Dies wäre durchaus mit den Vorträgen des Pariser Vorbildes vergleichbar gewesen, die ebenfalls wöchentlich abgehalten wurden und anschließend gedruckt erschienen. Außerdem kann die *Fragstube* als Nachrichtenbörse betrachtet werden, in der *allerley Zeittungen zu erfindten und zu erfahren* seien, da man dort von allen möglichen Orten *correspondenzen und particularien* empfange. – Die erwähnten Angebote deckten nicht alle Dienstleistungen ab, die

Sumaran anzubieten gedachte; *vill anderer dergleichen nutz-barkheiten* würden durch die *Fragstuben dem gemainen Wesen zu guetten khommen*, allein, es fehlte Sumaran an Platz, diese näher auszuführen.

Ausreichend Raum nehmen in Sumarans Plan allerdings Beschuldigungen gegen die traditionellen Mittler von Dienstleistungen ein: Durch seine Einrichtung könnten *schedlich[e] Partitamacher* (d.h. Geschäftemacher) sowie *allerley herumbstertzende Juden, undt Landtlauffer, die khein Gewerb treiben oder alhie hausgesessen sein, abges[c]haft* werden. In seinem Adressbüro sollte kein Wucher, wie ihn ansonsten *Juden undt Christen* pflegen, betrieben werden. Außerdem würde sein Angebot den Zwischenhandel ausschalten und sich gegen *Unterhandler* und *Leitbetrieger* richten. Insbesondere abgesehen hatte es Sumaran auf die schädlichen Zubringerinnen, das heißt Dienstbotenvermittlerinnen – *ein dekhmantl allen Übels* –, bei denen sich allerlei *gesindl* aufhalte und die in den Häusern hin und her liefen, Frauen, Töchter und Mägde verführten, einen Dienst anzunehmen und bald wieder aufzugeben. Diese könnten nun in ihrer Tätigkeit eingeschränkt werden, da mittels des Protokolls der Arbeitssuchenden niemand anderer als *ein Zetl* die arbeitssuchende Person an die Dienststelle vermittle.

Sumarans Vorschlag wurde abgelehnt, da die theologische Fakultät der Universität Wien ihn negativ begutachtete: Sie stellte zum einen Sumarans universitären Status als Professor der Sprachen in Frage, da diesen nur jene, die Hebräisch oder Griechisch lehrten, in Anspruch nehmen könnten. Zum anderen behauptete sie, dass zwischen den Universitätsangehörigen und dem Vorsteher der *Fragstube* Zwist und Streitigkeiten zu befürchten seien und dass das aus der Vermittlungstätigkeit erzielte Einkommen nicht dem Staat, sondern nur dem Vorsteher zugute käme. Als weiteres Argument führte die Fakultät an, dass die traditionell mit Arbeitsvermittlung beschäftigten Agenten und Agentinnen um ihren Verdienst gebracht und daraus Hass und Missgunst erwachsen würden. Auch wurde befürchtet, dass die Tätigkeit der Verkaufsagentur Betrügereien begünstigte, da potenzielle Verkäufer sich unter falschen Namen in die Register einschreiben lassen könnten. Überhaupt sei es unwahrscheinlich, dass ein und dieselbe Institution ein so breites Spektrum an Dienstleistungen anbieten könne; vielmehr würde eine solche Fragstube einer Chimäre gleichen. Und schließlich bestünde in der Fragstube eine Gefahr für die Seelen dadurch, dass dort Dienstboten und Dienstmädchen mit Herrschaften und Damen so häufig zusammenkämen. In ihrer Ablehnung verstieg sich die Fakultät sogar so weit, die Fragstube als »Zuchtstätte der Sünde« (*seminarium peccatorum*) zu bezeichnen.[244] Diese negative Haltung der theologischen Fakultät belegt, als wie anstößig man eine Vermittlungsstätte empfand, in der die verschiedenen Klassen der Gesellschaft aufeinandertrafen. Nicht zuletzt wurde die *fragstube* in ihrem Bestreben, Aufgaben einer Akademie zu übernehmen, als Konkurrenz zur Universität wahrgenommen.[245]

Wilhelm von Schröders *Intelligentz-Werck*

Fünfzig Jahre nach Sumaran, im Jahr 1686, veröffentlichte der Kameralist Wilhelm von Schröder (1640–1699) in seiner *Fürstlichen Schatz- und Rent-Cammer* das Projekt eines sogenannten *Intelligentz-Wercks*.[246] Schröder kannte von seinen Reisen nach England (1660 sowie 1678–1681) das an der Londoner Börse eingerichtete *Office of Intelligence* und berief sich darauf. Das Intelligenzwerk war allerdings noch umfassender konzipiert, denn mit seiner Hilfe sollte in allen Erbländern der Habsburgermonarchie *ein generaler Marckt* errichtet werden, *allwo ein jeder ohne Reisen oder Botenschicken in einer Viertelstund alles wissen könne, was in allen diesen Ländern zu verkauffen, und wo ein jedes zu finden sey.* Auf diese Weise sei es möglich, die *gute Ordnung im Handel* herzustellen, die darin bestehe, dass die Handwerker Händler fänden, die ihre Arbeit ankaufen würden, ohne dass sie es nötig hätten, diese von Haus zu Haus herumzutragen und *die zeit mit lauffen zu verlieren.* Der gegenwärtige Zustand sei weit von diesem Ideal entfernt, denn häufig passiere es, dass ein Handwerker ein Stück Arbeit fertig habe und ein potenzieller Kunde genau dieses brauche, es allein aber nicht zu finden wisse und daher viel Zeit mit Suchen verbringen würde. Auch wüssten viele Menschen auf dem Land nicht, dass in der Stadt Nachfrage nach ihren Erzeugnissen bestehe, weshalb sie ihre Ware oft Zwischenhändlern – *Vorkäufflern* – übergeben, die zur Teuerung beitragen: *Das Bothen schicken, item das in commission geben (...) macht eine sache theuer.* Auch *fremde Ankömling* litten unter der Unwissenheit, suchten sie doch oftmals vergeblich Unterkunft oder Dienstleistungen und würden, wenn überhaupt, an einen Zubringer verwiesen, der ihnen *mehr Schaden und Unheil als Nutzen* bringe.

Ein weiterer Mangel sollte mittels der neuen Einrichtung ebenfalls behoben werden, nämlich der Mangel an geeigneten Dienstbotinnen und Dienstboten, der bewirken würde, dass die Herrschaften diesen einen zu hohen Lohn bezahlen müssten. Anstelle der ohne Aufsicht geduldeten Zubringerinnen und Zubringer sollte das Intelligenzwerk die Vermittlung der Dienstboten übernehmen und darüber hinaus ein eigenes Gericht für Letztere geschaffen werden, bei dem diese sich einzuschreiben hätten. Wieder einmal war es die Erbringung polizeilicher Dienstleistungen, die im Zusammenhang mit einem Adressbüro erwogen wurde.

Schröder wollte sein Intelligenzwerk nach dem Vorbild der Post organisieren: In allen Erblanden oder zumindest in Österreich, Mähren, Steiermark und Böhmen sollte an allen geeigneten Orten *ein öffentlicher Locus* eingerichtet werden, *intelligentz Orther*, die unter der Leitung eines am kaiserlichen Hof angesiedelten *directorio oder Oberintelligentz Hauß* stehen würden. In diesen Einrichtungen könnte ein jeder sich anmelden und sein Begehren in ein *protocol oder Journal* einschreiben lassen. Außer den dazu benötigten Schreibern seien auch eigene *intelligentz-Bediente* anzustellen, *welche man zum Ausschicken, nachfragen, unterhandeln und dergleichen gebrauchen* könnte.

Fünf verschiedene Medien – sogenannte *intelligentien* – gebe es, ein in einem *intelligentz-Hauß* deklariertes Bedürfnis bekannt zu machen: 1. das im Intelligenzhaus geführte *Journal oder Protocol*, in das ein Interessent Einblick nehmen könne, 2. eine am Intelligenzhaus angebrachte *Taffel*, 3. eine öffentliche Ausrufung *per proclamationem vocalem*, 4. eine Mitteilung an ein anderes Intelligenzhaus, 5. *per charta publicam*, einem *wöchentliche[n] intelligentz-Blädgen*, das das Anliegen im ganzen Land bekannt mache und *in gleicher Form wie die Zeitungen* publiziert werden sollte. Schröder nannte verschiedene Anwendungsbeispiele: So könnte ein Herr, der einen Trompeter suche, sein Anliegen dem Intelligenzhaus bekannt geben. Ebenso könnte ein Schiffer, der nach Pressburg fahre, dies mitteilen, um Mitreisende anzuwerben, oder ein eben angekommener Schiffer, dessen Schiff Schmalz geladen habe, dies ausrufen lassen und so Käufer finden. Und wenn die Armee Hafer, Wein oder Hufeisen nötig habe, könne sie dies ins Intelligenzblättlein setzen.

Das geplante länderübergreifende Kommunikationsnetzwerk – es blieb Projekt – sollte sich somit eines Medienmixes bedienen, um seine Vermittlungtätigkeit ausüben zu können. Keinem Privatmann könnte es verwehrt werden, eine solche Einrichtung zu schaffen, trotzdem aber sollte sie wie die Post unter öffentlicher Aufsicht stehen, um Betrügereien zu verhindern. Schröders Fazit lautete: Das Intelligenzwerk sei *einfältig und schlecht beschaffen, aber so voller nutzbarkeit*; es würde Handel und Wandel erleichtern, die Armut lindern und nicht zuletzt auch die Einkünfte ihrer Majestät vermehren.[247]

Leibniz' Pläne

Zu den Gelehrten, deren Phantasie im 17. Jahrhundert durch die Adressbüros beflügelt wurde, zählte auch Gottfried Wilhelm Leibniz.[248] Er kannte die Vorträge des Pariser *Bureau d'adresse*[249] ebenso wie die Londoner *Offices of Intelligence*[250] und projektierte über mehrere Jahrzehnte hindurch derlei Einrichtungen, die mal mehr in Richtung einer umfassenden Bildungs- und Vermittlungsagentur tendierten, mal mehr in Richtung eines vorwiegend an kommerziellen Zwecken orientierten Adressbüros mit den Schwerpunkten auf den Dienstleistungen einer Verkaufsagentur und Arbeitsvermittlung.

So skizzierte Leibniz im September 1675 in seinem *Drôle de pensée* eine über Renaudot und Hartlib noch hinausgehende Bildungs- und Freizeiteinrichtung, die unter anderem ein *bureau general d'adresse pour tous les inventeurs*, also ein allgemeines Adressbüro für Erfinder sein sollte:»Alle jene, die eine Erfindung oder eine ingeniöse Idee anzubieten hätten, könnten kommen; hier fänden sie die Gelegenheit, ihren Lebensunterhalt zu verdienen, ihre Erfindung publik zu machen und davon zu profitieren. (...) Man hätte dort bald ein Theater aller nur denkbaren Dinge: eine Menagerie, ein Heilkräutergarten, ein Labor, ein anatomisches Theater, ein Raritätenkabinett. Alle Wissbegierigen könnten sich dorthin wenden. (...) Und man würde Akademien, Kollegien, Ballspielhäuser und anderes angliedern; Konzerte und Gemäldegalerien, Konversationen und Konferenzen.«[251] Im Zusammenhang wiederum mit der projektierten Zeitschrift *Semestria Literaria* – sie sollte in zwei bis drei Bänden Umfang jeweils zur Frankfurter Messe herauskommen und zum einen Erfindungen und neue Gedanken, zum anderen Berichte über soeben erschienene Bücher mit *Auszug des kerns* enthalten – entwickelte Leibniz Pläne eines allgemeinen Adressbüros für Schriftsteller, das Gelehrte unterstützen sollte, die nützliche Werke in Angriff nehmen wollten, aber keinen Zugang zu einem Verlag hatten.[252]

Auch die scherzhaft ins Spiel gebrachte Idee, an seine Tür einen Anschlagzettel mit der Aufschrift *bureau d'adresse pour la Chine* zu heften, zeugte vom universellen Anspruch, Bildung zu vermitteln: Leibniz wollte in diesem Fall mit einem chinaerfahrenen

Jesuiten korrespondieren und stellte seiner Briefpartnerin Kurfürstin Sophie Charlotte von Brandenburg allerlei Neuigkeiten aus dem fernen Land in Aussicht. Ganz gleich, ob sie etwas über Konfuzius oder die alten Könige zu wissen begehrte, sollte sie ihre Fragen nur bei ihm in Auftrag geben.[253]

Stärker kommerziell ausgerichtet war Leibniz' im September 1678 an Herzog Johann Friedrich von Braunschweig-Calenberg gerichteter Vorschlag, zusammen mit einem Pfandhaus auch ein Adressbüro zu errichten: *Damit* [mit dem Pfandhaus, AT] *were zu conjungiren ein Bureau d'adresse vermittelst deßen man durchs ganze Land was zu kauffen, verkauffen, zu lehnen, zu vermiethen, zu verdingen, zu sehen, zu lernen, zu gebrauchen, erfahren köndte.* Dieses Adressbüro sollte sich demnach den Aufgaben einer Verkaufsagentur, einer Immobilien- sowie einer Arbeitsvermittlung widmen. Leibniz schlug in diesem Schriftstück noch die Gründung einer Reihe weiterer Einrichtungen vor, worunter sich ein Generalwerkhaus, ein Zuchthaus, ein Magazin bzw. Kaufhaus ebenso befanden wie ein *ordre de la charité*, der – wohl inspiriert von Renaudots *Consultations charitables* – unter anderem arme Kranke kostenlos heilen sollte.[254]

In den späteren Jahrzehnten standen die Leibnizschen Adressbüropläne in Zusammenhang mit seinen Akademieprojekten, so der eventuell aus den Jahren 1712/13 stammende Entwurf zur *Errichtung eines Notiz-Amtes*, das der Finanzierung der geplanten kaiserlichen Societät der Wissenschaften dienen sollte. Mittels dieser *anstalt* sollten *leute, die einander von nöthen haben, von einander kundschafft bekommen können.* Bislang erfolge das Zusammentreffen von Käufern und Verkäufern, Arbeitern und Verlegern, Fuhr- und Schiffsmännern mit ihren Ladungen und so weiter nur zufällig, und gar mancher sei *in schulden, schaden und verderben gerathen*, weil man von ihm nichts wusste, während ein anderer sich *emporgeschwungen* habe, weil er glücklicherweise einen Patron gefunden habe. Mit Hilfe des *Notiz-Amts* würde *auß einem zufälligen etwas gewißes.* Die Gesellschaft, die Leibniz somit durch seine Einrichtung schaffen wollte, war eine, in der

Austauschprozesse nicht mehr chaotisch, sondern geregelt abliefen, eine Vorstellung, die bereits Renaudot zur Rechtfertigung seines *Bureau d'adresse* geltend gemacht hatte. Den Zufall gänzlich ausschalten wollte Leibniz jedoch nicht, vielmehr versuchte er ihn planvoll in den Prozess der Informationsvermittlung einzubauen: Durch die Konsultation der Register des Notiz-Amts *findet offt einer was er suchet, bekomt auch offt gelegenheit etwas zu suchen und zu verlangen, darauff er sonst nicht gedacht hätte.* – Wie vor ihm Renaudot bezog auch Leibniz den Spürsinn und die glückliche Fügung – *serendipity* – in seine Konzeption mit ein.

Als weiteren Vorteil, den ein Adressbüro mit sich bringe, führte Leibniz an, dass dadurch die Menschen weiter vernetzt würden: Im Gegensatz zum Land, wo sie *weit von einander zerstreuet* lebten, sei der *hauptvortheil* der Städte, dass hier die Menschen näher zusammen wohnen würden und *einander leichter finden* könnten. Das Notizamt würde diesen Trend noch verstärken, ja geradezu *vollkommen* machen:

[D]ie menschen werden noch mehr vereiniget und so zu sagen concentriret, also daß sich einer dem andern moraliter nähert und gleichsam ad contactum komt, da sie doch physice nicht beysammen und nicht in einem hause wohnen; sie würden sich einander nähern, sich kennen lernen und fester mit einander verknüpfet werden.

Leibniz' Conclusio: *polizey und ordnung, handel und wandel, commercien und manufacturen, studien und künste* würden dadurch *überauß befördert werden.*

Ähnlich wie vor ihm Wilhelm von Schröder wollte Leibniz das gesamte deutschsprachige Gebiet, aber auch Italien mit einem Netz von Notizämtern überziehen; nicht nur in den größeren, auch in den mittleren Städten sollten sie eingerichtet werden. Dabei war an eine Reihe von Dienstleistungen gedacht, die über das übliche Angebot an – im Übrigen auch anonym nutzbaren – Vermittlungsleistungen hinausging: Das *Notiz-Amt* sollte als Verwahranstalt für wertvolle Gegenstände dienen, als

Ort für die Abhaltung von Auktionen und Lotterien, es sollte Verträge öffentlich beurkunden und fromme Stiftungen verwalten. Darüber hinaus könnte es mit einem *werck-, waisen- und armen-hauß* sowie einem Eichamt für Maße und Gewichte verbunden werden und schließlich auch zur Aufsicht über die Juden dienen, weil – so Leibniz ein jahrhundertealtes Vorurteil aufgreifend – deren *ganze nahrung insgemein in schacherey* bestünde. Diese obrigkeitliche Inanspruchnahme wurde noch dadurch unterstrichen, dass Leibniz vorschlug, das *Notiz-Amt* nach venezianischem Vorbild als Annahmestelle für anonyme Anzeigen zu verwenden, wobei er sich genötigt sah zu betonen, dass ein solches Angebot nicht missbraucht werden dürfte.

Nach Leibniz' Vorstellung könnte das *Notiz-Amt* schließlich auch über ein Druckmedium verfügen, nämlich ein wöchentlich oder monatlich erscheinendes *diarium der dienlichen fürgefallenen dinge*, das auch die auf dem Land lebenden Menschen informieren würde. Was dessen Inhalt anbelangt, so sollte darin das kundgetan werden, was sonst durch Plakate angezeigt würde, weiterhin neu erschienene Bücher, Arzneien und Erfindungen, Raritäten und sehenswürdige Gegenstände. Der Vorteil eines solchen Diariums in Verbindung mit der Registratur des *Notiz-Amts* wäre, dass auf diese Weise *solche offt nüzliche sachen (...) der nachwelt zur nachricht in gedächtniß erhalten werden* könnten; dasselbe gelte für obrigkeitliche Verordnungen, die im Diarium abgedruckt werden sollten.[255] – Stärker noch als seine französischen und englischen Vorbilder erscheinen somit die von Leibniz konzipierten Adressbüros als Polizeianstalt: Sie sollten nicht nur Vermittlungstätigkeiten ermöglichen, sondern auch Kontrollaufgaben übernehmen.

Preußen: Adresshäuser als Pfandleihanstalten

Die erste bekannte Privilegierung eines Adressbüros – eines *Bureaux d'adresse et de vente publique*[256] – in einer deutschsprachigen

Stadt erfolgte 1689 in Berlin.[257] Die Initiative dazu hatte der ursprünglich in Paris und Lyon tätige Kaufmann Pierre Vouchard ergriffen, ein Hugenotte, der nach der Aufhebung des Edikts von Nantes über Genf nach Berlin emigriert war. In seiner neuen Heimat angekommen, ersuchte er um ein auf zehn Jahre befristetes Privileg für Adressbüros, die in jeder geeigneten preußischen Stadt eröffnet werden und in denen Kommissionshandel und Arbeitsvermittlung betrieben werden sollten: Wer Kleidung, Schmuck oder sonstige Waren verkaufen wollte, könne dies von einem Mitarbeiter in ein Register eintragen lassen; die besagten Waren würden dann öffentlich versteigert, wobei dem Büro eine Kommission von fünf Prozent des Verkaufspreises verbleiben sollte. Nach Vouchard war dies für jene Personen, die Geld benötigten, erheblich günstiger, als wenn sie ihre Besitztümer verlustreich heimlich verkauften oder bei Wucherern gegen hohe Zinsen verpfändeten. Das Büro könnte somit deren Bankrott und totalen Ruin verhindern helfen. Weiter wurde Arbeitsvermittlung für Dienstboten und Dienstbotinnen offeriert, um sie davor zu bewahren, fünf oder sechs Monate lang ohne Stelle zu bleiben.[258]

Vouchards Gesuch wurde von Kurfürst Friedrich III. bewilligt,[259] aber noch bevor das Institut zustande kam, wurde der Hugenotte in der Nähe des Kantons Bern von Bauern erschlagen. Seinem Neffen Jacques Mazet gelang es daraufhin, das Privileg auf Vouchards Sohn Jacob zu übertragen,[260] der nun in Berlin ein Haus in der Brüderstraße mietete.[261] Die Gebühren für die Arbeitsvermittlung wurden obrigkeitlich festgelegt: Für die Vermittlung von Kammerdienern war ein Reichstaler, für sonstige Domestiken waren sechzehn Groschen zu bezahlen; der Betrag sollte dabei auf Dienstgeber und Dienstnehmer jeweils zur Hälfte aufgeteilt werden.[262]

Vouchards Einrichtung litt allerdings an Kapitalmangel, woran anscheinend auch eine im Januar 1691 bewilligte Lotterie nichts ändern konnte.[263] Das *Adress-Haus* geriet in solch *groß[e] Confusion*, dass eine Untersuchungskommission seinen *gantz übelen Zustand* konstatieren musste. Niemand wollte dort mehr Waren deponieren, da diese gestohlen wurden, und schließlich wurde Vouchard wegen seiner *unvermögenheit* und seiner vielen Schulden als ungeeignet befunden, länger dem Büro vorzustehen. An seiner Stelle bot sich 1692 der aus Paris geflüchtete Kaufmann und Bankier Nicola(u)s Gauguet an, die Geschäfte zu übernehmen und das Büro *zum gemeinen Besten in guten und florissanten Stand zusetzen.* Friedrich III. genehmigte dieses Gesuch und beauftragte Gauguet daraufhin, als Angestellte des Adresshauses *gute erfahrene und wohl berüchtigte Leuthe* zu nehmen, *damit nicht durch deren Versehung und Fahrleßigkeit, etwas versehen, verabsäuhmet, oder von handen gebracht werde.*[264]

Gemäß dem am 26. April 1692 datierten gedruckten Reglement sollte das *Adress-Haus* in erster Linie die Funktion eines Pfandhauses übernehmen. Ausführlich wurde darin die zu beobachtende Führung der Register über die eingehenden Waren und Effekten beschrieben: Demnach musste Gauguet die Blätter des entsprechenden *auffrichtige[n] Journal-Buch[s]* beim französischen Gericht durchfoliieren lassen, bevor er darin in deutscher oder französischer Sprache die Namen der Einbringer und deren Waren genau zu verzeichnen hatte. Als Bestätigung erhielten die Parteien einen versiegelten Zettel, auf dem die Beschaffenheit und der Wert des Pfands samt der Nummer des Eintrags im Journalbuch zu vermerken war. Gauguet musste auch ein Register über die verkauften Gegenstände führen, in dem Verkaufsdatum, eine Beschreibung der verkauften Ware und deren erzielter Preis sowie der Name des ursprünglichen Eigentümers, Empfangsdatum, Höhe der darauf vorgeschossenen Summe und weiter *Blat und Numer* des entsprechenden Postens im Register über die eingebrachten Waren notiert wurden. Die Höhe des auf ein Pfand verliehenen Geldbetrags sowie die Laufzeit des Kredits konnte Gauguet selbst bestimmen; an Zinsen konnte er monatlich ein halbes Prozent nehmen.[265]

Am Schluss des Reglements wurden noch weitere Aufgaben des *Adress-Hauses* genannt: So sollte es einerseits Maklerdienste bei Verkauf oder Vermietung von Immobilien leisten. In ein besonderes Buch seien *die Nahmen derer, so Häuser, Gärten und andere liegende Gründe zu verkauffen oder zu vermiehten haben, wie auch die Nahmen derjenigen, so Häuser, oder andere Güter kauffen, oder miethen wollen, [zu] notiren.* Bei Vertragsabschluss waren dem *Adress-Haus* im Falle eines Verkaufs von Käufer und Verkäufer je ein halbes Prozent des Kaufpreises, im Falle einer Vermietung ein halbes bis ein Prozent der Jahresmiete zu bezahlen. Zum anderen sollte das *Adress-Haus* als Verkaufsagentur dienen: In dasselbe Buch, in das die Immobilien eingetragen wurden, konnten auch Waren und andere Effekten eingeschrieben werden, die Kaufleute in ihren Häusern zum Verkauf bringen wollten. Die Einschreibegebühr betrug in diesem Fall zwei Groschen, beim Verkauf fiel ein halbes Prozent des Warenwerts an das *Adress-Haus.*[266] Die Ware musste somit nicht am Ort des Büros ausgestellt werden, sondern konnte bei den Eigentümern verbleiben. Inwieweit diese Möglichkeit »eines virtuellen Marktplatzes« (Astrid Blome)[267] tatsächlich in Anspruch genommen wurde, bleibt fraglich, da sich in den Akten keine Hinweise darauf finden lassen.

Gauguet sollte nur drei Jahre Direktor des *Adress-Hauses* bleiben; er starb bereits am 1. Mai 1695.[268] Zu seinem Nachfolger wurde ein gewisser Robert Jacobé bestimmt, der aus Vitry stammte und ankündigte, mit einem Kapital von 8000 Talern die Einrichtung zu verbessern.[269] 1699 wurde er allerdings gemeinsam mit seinem Buchhalter *Imbert* – eventuell Charles Humbert[270] – entlassen; die beiden Compagnons hatten sich geweigert, die von der Obrigkeit eingeforderte Dienstleistung der Arbeitsvermittlung anzubieten: Lieber verlangte Jacobé seine *dimission,* als dass er *Gesellen oder LehrJungen (...) oder dieners* vermittelte.[271] Die Gründe dafür – etwa ob dies unter seiner Würde, zu aufwendig oder nicht einträglich genug sei – sind nicht überliefert.

Die neuen Leiter – Daniel de Persy (Percy) und Jean Palmié (Palmier), Letzterer als Vertreter eines Arztes namens Duncan –

wurden nun explizit dazu verpflichtet, auch Arbeitsvermittlung zu betreiben,[272] Belege dafür, dass Percy und Palmier dieser Verpflichtung nachkamen, finden sich jedoch nicht, während die Pfandleihe florierte und insbesondere für kleine Handwerker nützlich gewesen sein soll.[273]

Nach Percys Tod 1716 wurde Palmier als alleiniger Direktor bestellt. Im entsprechenden von Friedrich Wilhelm I. erlassenen Dekret wurde wieder betont, dass zu seinen Aufgaben auch die Stellenvermittlung gehörte,[274] doch war dies das letzte Mal, dass man diese in Zusammenhang mit dem *Adress-Haus* erwähnte. Auch wurde mit Datum vom 2. April 1717 das Reglement von 1692 erneut gedruckt, mitsamt den Passagen zu den Diensten der Immobilienvermittlung und Verkaufsagentur,[275] ohne dass sich in den nächsten Jahrzehnten Hinweise darauf finden, dass diese Tätigkeiten tatsächlich ausgeübt wurden.

Die weitere Geschichte des *Adress-Hauses* ist schnell erzählt: Unter der Leitung Palmiers sollte es in das französische Rathaus am Werder übersiedeln;[276] im hohen Alter nahm Palmier als Compagnon einen gewissen Vialettes auf, der allerdings die Angelegenheiten sehr vernachlässigte und insbesondere die Bücher nur ungenügend führte.[277] Palmier sollte schließlich im April 1740 von seinem Amt zurücktreten; es folgten seine Tochter sowie deren Mann Charles Humbert.[278] Das Pfandhaus wurde nun in Humberts Domizil in der (alten) Friedrichstraße bzw. Kurstraße gegenüber dem Fürstenhaus verlegt;[279] nach Charles Humberts Tod 1752[280] wurde dessen Sohn Jean-Charles zum Nachfolger bestimmt.[281] Danach verblieb das Privileg für das *Adress-Haus* im Besitz der Familie Humbert, ein Übernahmeversuch durch Berliner Juden scheiterte 1781 am Widerstand Friedrichs II., der bestimmte, dass das Privileg immer der französischen Kolonie zugesprochen werden sollte.[282] 1793 firmierte ein Daniel-Charles Humbert als Direktor,[283] zur Erbengemeinschaft zählten im folgenden Jahr noch Paul Humbert sowie die aus der Humbert-Familie stammenden Frauen Bocquet und Delprut.[284] In den Jahren 1829/1834 wurde das

Adress-Haus schließlich liquidiert und an seiner Stelle das königliche Leihamt errichtet; eine personelle Kontinuität bestand zwischen den beiden Einrichtungen insofern, als der ehemalige Administrator und Rendant (Rechnungsführer) des Adresshauses namens Dietrich zum Rechnungsführer des Leihamts bestellt wurde.[285]

Ende des 18. Jahrhunderts scheint gemäß der Darstellung Friedrich Nicolais die vom *Adress-Haus* angebotene Pfandleihe zur Zufriedenheit der beteiligten Parteien funktioniert zu haben, und es wurde auch Kommissionshandel betrieben.[286] Zu betonen ist freilich, dass das Berliner *Adress-Haus* wenn überhaupt, dann nur in seinen Anfangsjahren Adressen und Informationen vermittelte; in erster Linie handelte es sich um ein Pfandhaus. So wundert es nicht, dass König Friedrich Wilhelm, als er in einer Randnotiz fragte: *Was ist das Bureau d'adresse?*,[287] folgende Definition zur Antwort bekam: *ein dergleichen Bureau d'addresse anderwerts ein Lombard genandt und ein solcher ort darunter verstanden werde, wo Leute auf Pfänder gegen billigmäßiges Interesse Geld haben können, folglich auch sich dem Jüdischen Wucher nicht exponiren dürffen.*[288]

Ähnliches gilt auch für die in anderen preußischen Städten errichteten *Adress-Häuser*, wobei in den Anfangsjahren von Seiten der Obrigkeit zumindest versucht wurde, diese Einrichtungen auch zu Informationsvermittlungsleistungen zu verpflichten: So wurde Jacques Moyse Vors, als er 1723 das acht Jahre zuvor zum Zweck der Pfandleihe eingerichtete *Bureau d'adresse* in Halle übernahm, in dem entsprechenden Privileg dazu aufgefordert, Stellenvermittlung zu betreiben,[289] ohne dass bekannt ist, ob dies später auch tatsächlich geschah. Ins 1744 erlassene Reglement des Potsdamer *Adress-Hauses* wiederum wurden auch die für das Berliner Vorbild ergangenen Bestimmungen zu den Diensten einer Immobilienvermittlung und Verkaufsagentur aufgenommen;[290] 1781 wurde es durch ein Leihhaus ersetzt, dessen Reglement letztere Bestimmungen nicht mehr enthielt.[291]

In den nicht realisierten Anträgen des Färbers Jacques Le Sage, 1712 in Halberstadt,[292] bzw. des Strumpfwirkers Antoine Hillaire, 1716 in Magdeburg[293] ein *Bureau d'adresse* zu errichten, finden sich schließlich keine Hinweise auf geplante Informationsvermittlungstätigkeiten; das 1777 erlassene Reglement für das Magdeburger Leihamt erwähnt ebenfalls keine über die Pfandleihe hinausgehenden Dienstleistungen.[294]

Deutschsprachige Adressbüros im 18. Jahrhundert

Im Laufe des 18. Jahrhunderts wurden in den meisten deutschsprachigen Städten Adress- oder Intelligenzbüros gegründet, zuweilen mit explizitem Bezug auf Wilhelm von Schröders Intelligenzwerk-Projekt. Diese Büros fungierten in erster Linie als Zeitungsredaktionen und gaben »Intelligenzblätter« heraus, die außer den Anzeigen amtliche Verordnungen, Benachrichtigungen über Diebstähle, Todeslisten und ähnliche Informationen veröffentlichten. Es wäre vermessen, all diese Gründungen daraufhin zu untersuchen, welche Vermittlungstätigkeiten am Ort des jeweiligen Adressbüros jenseits der Herausgabe des Intelligenzblatts ausgeübt wurden; stattdessen sollen nur exemplarisch einige dieser Projekte vorgestellt werden.[295]

Die habsburgischen Frag- und Kundschaftsämter

In Wien wurde 1707 ein Adressbüro gegründet, das die Bezeichnung *Fragamt* trug.[296] Es stand ursprünglich in engem Zusammenhang mit einem gleichzeitig eingerichteten Versatzamt – dem heutigen »Dorotheum« – und sollte der Finanzierung des seit 1693 existierenden großen Armenhauses dienen.[297] Das am 14. März 1707 datierte Gründungspatent des Versatz- und Fragamts definierte dessen Tätigkeitsbereich im Sinne einer Verkaufsagentur,[298] von darüber hinausgehenden Vermittlungstätigkeiten oder der Herausgabe eines Anzeigenblatts war keine Rede. Vielleicht wurde auf Letzteres aus Rücksicht auf das seit

83

1703 bestehende *Wienerische Diarium* verzichtet, eine gedruckte Zeitung, die unter dem Namen *Wiener Zeitung* (seit 1781) bis heute existiert, belegen lässt sich dies jedoch nicht.

Umfangreichere Aktivitäten des Fragamts sind erst ab dem Jahr 1721 dokumentiert; damals wurde das Fragamt räumlich vom Versatzamt getrennt,[299] und es begann mit dem *Wienerischen Diarium* zu kooperieren, indem es darin die sogenannten »Negotienlisten« veröffentlichte, wobei es sich um Registerauszüge der im Protokoll des Fragamts verzeichneten Einträge handelte.[300] Die meisten dieser Notizen betrafen den Verkauf von beweglichen und unbeweglichen Gütern sowie den Verleih von Geld; manchmal diente dabei das Fragamt auch als Ausstellungsstätte für die zu verkaufenden Waren. Neu war, dass das Fragamt Arbeitsvermittlung anbot; dieser Service richtete sich insbesondere an Dienstbotinnen und Dienstboten, und das Fragamt versuchte dabei, auch polizeiliche Funktionen zu übernehmen, indem dienstsuchende Personen aufgefordert wurden, Angaben über Alter, Geburtsort, Eltern, Vermögensverhältnisse und Fähigkeiten zu machen und zudem Führungszeugnisse und Empfehlungsschreiben einzubringen.[301]

Das im Fragamt ausliegende Protokoll und die teils dem *Wiener Diarium* beigelegten, teils auch zum Preis von einem Kreuzer separat erhältlichen[302] *Kundschaftsblätter* waren nicht die einzigen Medien, die das Fragamt zur Verzeichnung und Bekanntmachung der eingebrachten Anliegen verwendete: So gab es auch noch eine Anschlagtafel,[303] die vor dem Amt aushing und auf der *alle eingehende Begehren und Anfragen mit verschwiegenen Namen (...) täglich angeheftet* wurden.[304] Zusätzlich zum Kundschaftsblatt wurden je nach Bedarf im Amt erhältliche Listen zu vermietender Zimmer sowie arbeitswilliger Dienstboten gedruckt.[305]

Noch im Jahr 1721 sollte der Drucker Johann Peter van Ghelen (1673–1754) das *Diarium* übernehmen, womit ihm auch der Druck der »Negotienlisten« zufiel.[306] Spätestens im April 1728 übersiedelte das Fragamt in die Räumlichkeiten des *Wienerischen*

Diariums.[307] Ghelen lancierte eine regelrechte Werbekampagne für das *Kundschaftsblatt* und veröffentlichte darin neben den Verkaufsanzeigen beweglicher und unbeweglicher Güter, Stellenanzeigen und Mitfahrgelegenheiten auch Steckbriefe, Vermisstenanzeigen sowie Verweise auf neu erschienene Bücher, zuweilen nahm er auch Berichte über naturwissenschaftliche Phänomene oder aufsehenerregende Kriminalfälle auf; bis in die 1770er Jahre hinein wurden auch Termine von religiösen Andachten bekannt gegeben.[308]

Eher selten diente das Fragamt als Verkaufsstätte für manche der annoncierten Güter sowie als Abholort verlorener Gegenstände: 1731 konnten dort Lauten, neapolitanische Seife und eine Warzentinktur erstanden werden;[309] ein gefundener silberner Siegelstempel wiederum lag im Fragamt zur Abholung bereit.[310]

1762 drohte dem Fragamt, dessen Privileg mittlerweile im Besitz der *Ghelen'schen Erben* war, Gefahr vom Drucker Johann Thomas Trattner: Dieser plante, ein über die gesamte Habsburgermonarchie gespanntes Netz von *Intelligenzämtern* zu errichten, deren Aufgaben denen des Fragamts sehr nahe kamen. Überdies wollte er ein zweimal wöchentlich erscheinendes *Intelligenzblatt* publizieren, das vorwiegend kommerzielle Nachrichten veröffentlichen sollte. Trattner scheiterte schließlich mit seinem Ansinnen, da das Privileg des Fragamts nicht angetastet werden sollte.[311]

In den folgenden Jahrzehnten setzte das Fragamt seine Aktivitäten fort, ohne dabei viel Aufsehen zu erregen. Auch die josephinischen Reformen brachten kaum Neuerungen; ein Plan, das Amt mit der 1785 verstaatlichten Wiener Stadtpost – der *Kleinen Post* – zusammenzulegen, wurde schließlich nicht weiterverfolgt.[312]

Anfang des 19. Jahrhunderts, in den Jahren 1801 bis 1814, lief die Zeit des Fragamts allmählich ab; die letzte Ausgabe des *Kundschaftsblatts* erschien wahrscheinlich am 30. Dezember 1813, seine Inhalte waren fortan Teil der reformierten *Wiener Zeitung*.

Eine gewisse Rolle scheint das Fragamt für die Immobilienvermittlung gespielt zu haben. Das Angebot an zu vermittelnden Wohnungen war so groß, dass dafür der im *Kundschaftsblatt* zur Verfügung stehende Raum nicht ausreichte: 1780 vermeldete das *Wienerische Diarium* seinem Publikum, dass anlässlich des üblichen Wohnungswechsels zum nächsten Lichtmessfest im Fragamt ein *eigenes Protokoll* über zu vermietende Wohnungen bereitliege. Die Gebühr für das Einschreiben einer leeren Wohnung betrug vierzehn Kreuzer, Wohnungssuchende zahlten für eine Auskunft sieben Kreuzer.[313] Auch der Wien-Besucher Nicolai erwähnte dieses Angebot in seinem Reisebericht und bezeichnete es als *sehr nützliche Anstalt*.[314]

Es bleibt die Frage, warum diese Einrichtung, die offenbar allenfalls für die Wohnraumvermittlung relevant war, über Jahrzehnte hindurch existieren konnte? Eine mögliche, recht offenherzige Erklärung dafür lieferte bereits 1758 Johann Peter van Ghelens Nachfolger, Johann Leopold van Ghelen: Würde ein anderer das *Kundschaftsblatt* übernehmen, so würde dieser es eventuell mit redaktionellen Inhalten anreichern und damit das Privileg des *Diariums* beeinträchtigen, was zu *vielfältige[n] Verdrüßlichkeiten* führen würde. Rechtsstreitigkeiten, die sich daraus ergeben würden, wollte Ghelen möglichst vermeiden und seine *Ruhe* sich auch um den Preis eines mit dem *Kundschaftsblatt* erwirtschafteten Verlusts *erkaufen*.[315] Ghelen wollte also die Monopolstellung des *Wiener Diariums* als einziger deutschsprachiger Zeitung in Wien sicherstellen und potenzielle Konkurrenten von vornherein ausschalten, ein Ansinnen, das mit der Neuorganisation des Wiener Pressewesens um 1810 hinfällig wurde: Wie in anderen Städten verschwand das Adressbüro in der Anzeigenabteilung der damit verbundenen Zeitung.

Das Wiener Fragamt erregte nach seiner Gründung auch in anderen Ländern der Monarchie Aufmerksamkeit, es sollte aber bis Mitte des 18.Jahrhunderts dauern, bis in Prag und Brünn Fragämter errichtet wurden.[316] So wurde in Prag 1747 die Einrichtung eines *Versatz- und Fragamt*s bewilligt; es sollte der Finanzierung des Zucht-, Spinn- und Arbeitshauses dienen und orientierte sich weitgehend an dem Wiener Vorbild von 1707.[317] Das Prager Fragamt nahm 1752 seine Tätigkeit auf und wurde zunächst vom späteren böhmischen Kommerzieninspektor und niederösterreichischen Regierungsrat Joseph Ferdinand Bock (von Pollach)[318] geleitet; es publizierte ein wöchentlich erscheinendes Kundschaftsblatt,[319] das zunächst den Titel *In {sic!} Königreich Böheim. Wochentliche Frags- und Anzeigs-Nachrichten* trug und in einer Auflage von 350 Exemplaren gedruckt wurde.[320] Der Verkauf dieses Kundschaftsblatts war die Haupteinnahmequelle des Fragamts; die aus den Gebühren für die Einschreibung in das Fragamtsprotokoll erzielten Erlöse fielen demgegenüber kaum ins Gewicht. Zumindest in den Anfangsjahren scheint es allerdings nur eine geringe Bereitschaft seitens der Prager Bevölkerung gegeben zu haben, das Fragamt zu benutzen; am ehesten noch wurde es für die Arbeitssuche verwendet.

In der Folge wechselte das Prager Fragamt mehrmals seinen Besitzer: Im April 1756 trat Bock die Direktion an den aus Preußen stammenden Baron Carl Ernst von der Groeben ab,[321] der bereits im September 1756 die Leitung an Anton Hillgartner übergab, seines Zeichens Manufakturkommissar des Kaurzimer Kreises.[322] Da die beim Drucker Ignaz Pruscha anlaufenden Schulden des Fragamts aber weiter wuchsen, war es nur folgerichtig, dass Hillgartner es per 19. September 1757 ebendiesem überließ.[323] Auch Pruscha konnte mit dem Fragamt, für dessen Pacht er jährlich fünfzig Gulden an das Spinnhaus zahlen sollte, nur wenige Einnahmen erzielen. Das Kundschaftsblatt hatte in den Anfangsjahren seiner Administration gerade mal neunzig Abonnenten.[324] Nach seinem Tod 1762[325] fiel das Fragamt an seine Witwe Johanna Pruschin, und auch unter ihrer Leitung blieb es ein Verlustgeschäft.[326] 1774 überließ sie seine Pacht ihrem Sohn, Vincenz Victorin Pruscha;[327] dieser baute ab 1777 das Kundschaftsblatt zu einer regelrechten politischen Zeitung aus, was sich auch in mehreren Titeländerungen niederschlug:

Aus dem *Prager Intelligenzblatt* (1777) wurden ab 1779 die *Prager (außerlesene[n] und) interessante[n] Nachrichten* und schließlich die *Prager Staats- und gelehrte[n] Nachrichten* (1789–1795).[328]
Genutzt wurde das Prager Fragamt zur Zeit der Direktion der Familie Pruscha zum einen zur Arbeitsvermittlung, zum anderen für die Immobilienvermittlung, wobei das Angebot an zu vermietenden Wohnungen so groß war, dass sie nicht alle im Kundschaftsblatt detailliert beschrieben werden konnten, sondern Interessenten dazu aufgerufen wurden, sich an das Fragamt zu wenden.[329]

In den letzten Jahren der Leitung Pruschas erhielt sein Fragamt Konkurrenz durch ein vom Verleger Johann Nepomuk Ferdinand Schönfeld (1750–1821)[330] gegründetes Adressbüro. Letzterer war Herausgeber der *von Schönfeldsche[n] k.k. Prager Oberpostamtszeitung* und eröffnete spätestens 1789 eine eigene Verkaufsstätte für Waren aller Art, die er im Jahr darauf um ein *Addreß- und Zeitungskomtoir* ergänzte.[331] Dieses bot an, Schreibarbeiten zu übernehmen, und wollte auch Auskunftsdienste leisten.[332]

Somit existierten Anfang der 1790er Jahre zwei Adressbüros in Prag, nämlich das Fragamt von Vincenz Victorin Pruscha und das Adresscomptoir von Johann Ferdinand Schönfeld; diese Doppelgleisigkeit sollte jedoch nicht lange bestehen, da Pruscha am 9. Oktober 1793 starb[333] und seine Nachkommen nicht mehr gewillt waren, das Fragamt weiterzuführen. Das Privileg für das Fragamt sowie das dazugehörige Intelligenzblatt wurden daraufhin im Januar 1794 versteigert, und es war kein anderer als Schönfeld, der den Zuschlag erhielt.[334] Nach dem Tod Johann Ferdinand Schönfelds – er starb am 15. Oktober 1821 in Wien, wo er seit den 1790er Jahren gewohnt hatte[335] – führten auch dessen Erben Zeitung und Fragamt nicht mehr lange weiter, sondern verkauften diese 1824 an das Druckereiunternehmen Gottlieb Haase (Söhne).[336] Noch in den 1830er Jahren existierte das Fragamt als Anhängsel zum Intelligenzblatt der Prager Zeitung.[337]

In der mährischen Landeshauptstadt Brünn wurde 1751 die Errichtung eines *Fragamts* eingeleitet; es entstand dort im Zusammenhang mit der im gleichen Jahr gegründeten Mährischen Lehensbank.[338] Die Initiative dazu kam von deren Leiter, Johann Anton Ke(h)rnhofer;[339] das von ihm vorgeschlagene Fragamt sollte die Aufgaben einer Verkaufsagentur, eines Fundamts, einer Arbeitsvermittlung und eines Auskunftsdienstes in Kommerzangelegenheiten übernehmen.[340] 1755 nahm das Fragamt seine Tätigkeit auf und kündigte in einem gedruckten *Avertissement*[341] an, dass es nicht nur die Herausgabe eines Intelligenzblatts beabsichtigte, sondern auch ein umfassendes Informations- und Auskunftszentrum sein wollte.[342]

In den folgenden Jahrzehnten wechselten Mährische Lehensbank und Fragamt mehrmals den Besitzer. So wurden die beiden Einrichtungen 1764 – zwei Jahre vor Kernhofers Tod am 11.Mai 1766[343] – vom jüdischen Unternehmer Hönig übernommen; als dieser 1767 starb, gingen sie an seine Söhne, die Gebrüder Hönig.[344] Nach einer Versteigerung im Jahr 1792 wurde das Privileg einem Konsortium dreier Brünner Kaufleute – Abraham Greisinger, Johann Herring und Joseph Vinzenz Müller – zugeschlagen;[345] sie hatten dieses Privileg bis 1811 inne, danach traten die mährischen Stände die Leitung der genannten Einrichtungen an.[346]

Das Kundschaftsblatt erschien in seinen Anfangsjahren unter dem Titel *Wochentlicher Intelligenz-Zettel aus dem Fragamte der Kayserlich-Königlichen privilegirten Lehen-Bank zu unser lieben Frauen in Brünn*.[347] Seine Rubriken entsprachen zunächst den damals üblichen Intelligenzblättern, doch beginnend mit dem Siebenjährigen Krieg wurden als Beilagen auch Berichte über den Kriegsverlauf abgedruckt: Das Intelligenzblatt entwickelte sich zu einer regelrechten politischen Zeitung, die ab 1778 den Titel *Brünner Zeitung* erhielt und zweimal wöchentlich erschien; ihre Qualität wurde von den Behörden sehr gelobt.[348]

Über die im Brünner Fragamt stattfindenden Vermittlungstätigkeiten ist nur wenig bekannt. Gesichert ist, dass in den ersten Jahren seine Räumlichkeiten sowie die der Lehensbank als Verkaufsstelle für Waren dienten. Darüber hinaus vermittelte das Fragamt landwirtschaftliches Wissen und stellte gratis *Seiden-Wurm-Saamen*, also Maulbeersamen als Nahrung für die Seidenraupen, zur Verfügung.[349] Arbeitsvermittlung wurde nur selten betrieben, und somit bestand die Haupttätigkeit des Brünner Fragamts in der Herausgabe der *Brünner Zeitung*. Ein 1815/16 von einem gewissen Friedrich August Freiherr von Locella bei den habsburgischen Behörden eingereichtes Projekt eines allgemeinen *AddresComtoir für alle Erzeugnisse des Geistes, der Kunst und des Gewerbfleißes* wurde nicht verwirklicht.[350]

Ebenfalls im Projektstadium blieb der Versuch des Grafen Niclas Sebastian von Lodron, Direktor des Armen-, Zucht- und Waisenhauses in Klagenfurt, in den Jahren 1756/57 in der Hauptstadt Kärntens ein Versatz- und Fragamt zu gründen. Das Fragamt sollte dabei vorwiegend als Verkaufsagentur für Immobilien sowie für jene Waren dienen, die *ohne merkliche unkosten und schaden nicht auf die märkte zu bringen synd*. Das Projekt wurde zunächst per Hofresolution vom 2. April 1757 abgelehnt, weil es an Geld mangelte. Im Mai 1766 startete Gottlieb Karl von Ankershofen eine weitere Initiative zur Gründung eines Versatzamts, wobei diesmal von einem Fragamt keine Rede mehr war. Am 12. August 1768 war es dann so weit, es erfolgte die *Verfassung und Kundmachung der neuerrichteten Lehen-Bank oder Versatz-Amt*, in der – wieder einmal – gegen die wuchernden Zubringer und Zubringerinnen polemisiert wurde.[351] Spätere Gründungen von Kundschafts- bzw. Intelligenzblättern hatten keine Beziehung zu einem Fragamt.[352] In Laibach zum Beispiel erschien 1775/76 ein von der *kaiserl. Königl. Gesellschaft des Ackerbaues, und der nüzlichen Künste im Herzogthum Krain* herausgegebenes *Kundschaftsblatt* mit allerlei ökonomischen Abhandlungen, die sich teilweise recht martialisch gegenüber unerwünschtem Getier gaben (*Blattwürmer zu tödten* oder *Spazen wie sie ausgerottet worden*, auch *Maulwürfe ob sie vielleicht durch Ricinium Communem Lin. oder Wunderbaum zu vertreiben*).[353]

In Graz, wo bereits 1755 ein Versatzamt – ohne Fragamt – gegründet worden war,[354] suchte Ende 1782 der im Unternehmen der Widmannstetterschen Erben arbeitende Buchdrucker Kaspar Heindl um ein Privileg für ein Fragamt an.[355] Heindl hatte Erfolg, ab 1783 konnte sein *Frag- und Kundschaftsblatt* erscheinen. Dieses annoncierte Gegenstände, die im Grazer Frag- und Kundschaftsamt zu kaufen waren, vermittelte Wohnungen und Dienststellen und listete gefundene und verlorene Dinge auf.[356] Erworben werden konnten dort nicht nur in- und ausländische Zeitungen, statistische Handbücher, Neujahrs-, Glückwunsch- und Visitenkarten sowie Gesellschaftsspiele,[357] sondern auch Masken (*von allen Gattungen Manns- und Frauenzimmerlarven*).[358] Bald erweiterte Heindl die Tätigkeit des Fragamts – es lag recht zentral in der Sporgasse Nr. 76, heute Sporgasse 23 – um ein Lesekabinett,[359] und in den folgenden Jahren führte er seine Einrichtung weiter, ohne dass sich davon viele Spuren erhalten hätten. Spätestens 1791 wurde es geschlossen,[360] Heindl starb 1801.[361]

Ähnliche Vermittlungsaktivitäten wie das Fragamt bot das Zeitungskomptoir der 1786 vom Journalisten und Bänkellieddichter Michael Hermann Ambros (1750–1809) gegründeten *Grazer Bauernzeitung* an, die unter wechselnden Titeln bis 1796 Bestand hatte.[362] Als in eben diesem Jahr eine Stadtpost, die *Kleine Post*, errichtet wurde, war mit dieser auch ein Fragamt verbunden. In einer gedruckten Nachricht kündigte die *Kleine Post* an, Kommissionsgeschäfte, Arbeits- sowie Wohnungsvermittlung zu besorgen, und beabsichtigte außerdem, *vertraute Männer auf einen ganzen Tag zur Bedienung z.B. für Fremde zur Weisung an unbewußte Orte* zu vermitteln,[363] eine Umsetzung dieser Vorhaben ist allerdings nicht dokumentiert.

In den Brandakten des Bestands Hofkanzlei des Allgemeinen Verwaltungsarchivs in Wien hat sich ein auf den 12. Juli 1782 datiertes Gesuch eines Johann Friedrich Schütz erhalten, der in der galizischen Landeshauptstadt Lemberg ein im Aktenbetreff auch als *Frag- und Anzeigamt* bezeichnetes *Intelligenz- und Adreß Komtoir* einzurichten gedachte. Schütz berichtete darin, dass er der Obrigkeit in Lemberg bereits drei Monate zuvor diese Bitte eingereicht habe, und verwies auf das Vorbild des Brünner Zeitungsblatts, dem er nacheifern wollte. In erster Linie sollte Schützens *Intelligenz- und Adreß Komtoir* als Herausgeber eines Intelligenzblatts fungieren, für das der Bittsteller um *Postfreyheit* ersuchte. Nützlich und notwendig sei ein solches, *denn da in allen Fällen ein Mensch den andern braucht, so muß auch ein Mittel seyn, wie einer den anderen seine Bedürfniße bekannt macht, ohne welche sie in Kummer und Noth bleiben würden.* Wenn einer bisher ein Gut kaufen oder pachten habe wollen, habe ihn bisher oft die *Entfernung des Orts* oder *Mangel an Gelegenheit die nötige Kundschaft einziehen zu können, daran verhindert.* Habe einer Kapital zu verleihen gesucht, sei dies nur jenen leichtgefallen, die *eine ausgebreitete Bekanntschaft* hätten oder es sich leisten könnten, eine *kostbare Korrespondenz* zu führen oder *Kommissäre* zu halten. Auch Versteigerungen – sogenannte Licitationen – ließen sich mit einem Intelligenzblatt besser ankündigen, denn die bisherige Praxis, auf diese mittels *Drommelschlag und verstekte Affichen* aufmerksam zu machen, habe in der Stadt nur *sehr wenig, in den übrigen Orten des Landes aber gar nichts [be]wirket.* Der Nutzen eines solchen Blatts sei somit *einleuchtend*, und daher sollte es wöchentlich auf Deutsch und Polnisch herausgeben werden, mit den üblichen Inhalten: So sollte es obrigkeitliche Verordnungen enthalten, weswegen das Gouvernement die einzelnen Ämter zu beauftragen habe, diese an das Adresscomptoir mitzuteilen. Kauf- und Verkaufsanzeigen beweglicher und unbeweglicher Güter sollten genauso gedruckt werden wie Verlust- und Fundmeldungen sowie Tauf-, Trau- und Sterbeanzeigen. Weiter sollten in einem Anhang *verschiedene Versuche, Erfahrungen und Entdekungen in der Landwirtschaft hierländiger und auswärtiger gründlicher Männer enthalten* sein und überhaupt alles, was *auf die Beförderung des Nahrungsstandes und der Gewerbe Einfluß hab[e]. – [K]urz es wird gewiß dafür gesorgt wer-*

den, daß das vorhergehende Blatt, durch seinen interessanten Inhalt immer das folgende empfehle. Der Preis sei mit jährlich sechs Gulden festgelegt, als Abnehmer des Blatts wurden vor allem der hohe Adel sowie Güterbesitzer in Erwägung gezogen.

Das *Intelligenz- und AdreßKomtoir* sollte sich aber nach Schützens Vorstellungen nicht allein auf die Rolle eines Zeitungsverlags beschränken; darüber hinaus war an die Funktion eines Meldeamts gedacht: Der Wohnort und die Namen der in Lemberg ankommenden Fremden, die sich bislang bei der Polizeidirektion gemeldet hätten, sollten täglich *dem Frag und AnzeigAmt* mitgeteilt werden. Dies sei zum Nutzen der *Sicherheit des Publikums*, da es ansonsten sehr *mühsam* sei, *die Wohnung seines Schuldners (...) auff[zu]suchen*, noch dazu, *da verschiedene Fremde aus allerley Absichten, besonders um ihren Gläubigern auszuweichen, ihre Wohnung sehr oft verändern*. Zur Sicherstellung dieser Maßnahme müssten alle Hauseigentümer unter Androhung einer Strafe jeden bei ihnen aus- und einziehenden Fremden angeben.[364] – Erinnert sei hier an jene 1639 in Paris erlassene Verordnung, der zufolge sich alle in Paris neu eintreffenden Fremden bei Théophraste Renaudots *Bureau d'adresse* melden mussten, was in erster Linie dazu dienen sollte, diesen Arbeit zu vermitteln. Die Idee der Armutsbekämpfung ist im Lemberger Fall verschwunden; es bleibt die Aufgabe der polizeilichen Überwachung.

Die galizische Regierung befürwortete Schützens Projekt, verlangte allerdings, dass er den Preis für sein Intelligenzblatt herabsetzen sollte, und sprach sich gegen die Übernahme der Meldeamtsfunktion durch das Adressbüro aus. In der Folge wurde festgelegt, dass die Subskriptionskosten für das Blatt vier Gulden jährlich betragen sollten. Schütz wurde untersagt, in der Ankündigung des Intelligenzblatts die ursprünglich geplanten *über das nachtheilige Mäklerwesen der Juden gemachte[n] Anmerkungen* zu drucken. Schließlich entschied Kaiser Joseph II. für das Vorhaben, und Schütz erhielt ein auf sechs Jahre befristetes Privileg.[365] Sein Intelligenzblatt war allerdings kurzlebig, da es an Abonnements mangelte. 1785 wurde sein Privileg auf die Buchdruckerin Josepha Pillerin übertragen, später fiel es an deren Sohn, Johann Thomas Piller.[366]

Zu den letzten Fragamtsgründungen im 18. Jahrhundert zählte das auf Initiative des schon im Zusammenhang mit dem Grazer Büro erwähnten Michael Hermann Ambros 1798 in Innsbruck gegründete Fragamt. Ambros war zuvor in Wien und Graz nicht nur als Zeitungsherausgeber, sondern auch als Sprachlehrer und Buchdrucker tätig gewesen und zählte laut Gustav Gugitz zum »Proletariat der Intelligenz«.[367] Im Mai 1798 wurde er wegen *seine[r] an öffentlichen Oertern geäußerten höchst bedenklichen Reden* aus Wien in sein Geburtsland Tirol abgeschoben.[368]

In Innsbruck angekommen, bemühte sich Ambros zunächst um die Gründung eines Intelligenzblatts,[369] was von der Wiener Zentrale jedoch abgelehnt wurde,[370] woraufhin Ambros darum bat, wenigstens ein Kundschaftsblatt verfassen zu dürfen.[371] Ein solches Kundschaftsblatt wurde offensichtlich wegen seiner inhaltlichen Beschränkung auf Anzeigen und obrigkeitliche Verlautbarungen als politisch unverfänglicher eingestuft, allein, Ambros' Bitte wurde erneut abgelehnt.[372] Ambros ersuchte nun darum, dass ihm *wenigstens doch ein so genandtes Fragamt mit den nöthigen wöchentlichen Anzeigen in Druck zu legen zu lassen bewilliget werd[e]*.[373] Diesmal klappte es, und die Tiroler Regierung gestattete, *dieses Kundschaftsblatt mit den wochentlichen Anzeigen |: unter dem Titel Fragamt :|* zu drucken.[374]

Noch im Jahr 1798 kündigte Ambros an, dass das Fragamt *ein unter höherer Aufsicht stehender, allgemeiner, bequemer und unkostspieliger Mittheilungs-Mittelpunct wechselseitiger Verkehrsbedürfnisse und Anliegenheiten von Obrigkeiten und Privat-Partheyen* sein sollte.[375] Am 7. Januar 1799 erschien die erste Ausgabe des Blatts mit dem Titel *Innsbrucker Wöchentliche Anzeigen*. Schnell machte Ambros daraus eine regelrechte Zeitung, die nicht nur öffentliche Verlautbarungen und Privatannoncen abdruckte, sondern mit einem redaktionellen Teil ausgestattet war und ab 1801 den Titel *Innsbrucker Wochenblatt* trug; eine nochmalige Titeländerung erfolgte 1807, als Ambros die Erscheinungsfrequenz auf zweimal wöchentlich umstellte und das Blatt fortan *Innsbrucker Zeitung* nannte.[376] Bei der Einwerbung von Artikeln bediente sich Ambros durchaus origineller Methoden, indem er Akademiker dazu aufforderte, interessante Provinzialnachrichten einzuschicken; die bravsten darunter würden von ihm, wenn sie sich in Innsbruck aufhielten, *auf köstliche Dampfnudel eingeladen.*[377]

Die in der Zeitung zu veröffentlichenden Annoncen konnten auch mittels Dienstboten eingebracht werden, wobei Ambros anbot, nicht gut formulierte Anzeigen kostenlos zu redigieren.[378] Der Zeitungsherausgeber scheint für das Fragamt kein eigenes Protokoll über diese Anzeigen geführt zu haben, zumindest betonte er in Bezug auf die Wohnungsvermittlung, dass das *Fragamt (…) nur das [wissen würde], was zum Einschalten im Wochenblatte eingeschickt [würde].*[379] Als Alternative zur Wohnungsvermittlung per Zeitung wurde übrigens auch ein traditionelles, menschliches Medium eingesetzt, nämlich der Austräger der Theaterzettel, der manchen Abonnenten die Zeitung ins Haus lieferte.[380] Dieser *Komödien-Zedelträger* – 1806 hieß er Joseph Keßler und wohnte *in der Kupferschmiedgasse beim Büchsenmacher Schlögl im dritten Stock hintenaus* – scheint sich bei seiner Liefertätigkeit ein Wissen über leerstehende Wohnungen angeeignet zu haben und rief außerdem die Hausherren in der Zeitung dazu auf, ihm zu vermietende Quartiere bekannt zu geben.[381] Schließlich verkündete er, *daß sich diejenigen, welche schnell eines Quartiers, oder für ein leeres Quartier eines Einwohners bedärfen, meist mit gutem Erfolge an ihn wenden können.*[382]

Im Jahre 1806, nach der Angliederung Tirols an Bayern, nannte sich Ambros' Adressbüro nunmehr *Königlich baierisches Fragamt*, Ende 1808 nannte er es *Zeitungskomptoir*, ab Januar 1809 hieß es *königl. baierische Zeitungs-Expedition.*[383] Ambros starb im Juli 1809; danach wurde die *Innsbrucker Zeitung* von der Wagnerischen Buchdruckerei übernommen und ab 1813 unter dem Titel *Der Bote von Tyrol* weitergeführt. Hatte der Herausgeber 1801 noch als vermögend gegolten,[384] so war sein Erbe zum Todeszeitpunkt stark geschrumpft. In einem Brief des Druckers Casimir Schumacher heißt es: *Bei Michael Ambros fand sich in seiner Verlassenschaft gar nichts vor, als ein Bett, und einige wenige hölzerne Geräthschaften, wohin seine übrigen Sachen gekommen sind, weiss ich nicht.*[385]

Im Falle des Innsbrucker Fragamts zeigt sich die Umwandlung eines Adressbüros über den Zwischenschritt eines mit einem Anzeigenblatt verbundenen Anzeigenamts zu einer richtigen Zeitungsredaktion besonders deutlich.[386] Zwar wurden dort noch Verkaufstätigkeiten abgewickelt, die vor Ort betriebenen Vermittlungsakte waren jedoch eindeutig untergeordnet.

Ein geschwätziges Fragamt zu Pressburg

Pressburg (Bratislava) – damals Hauptstadt Ungarns – erlebte am 28. März 1781 die Gründung eines von der ungarischen Statthalterei bewilligten Frag- und Kundschaftsamts, dessen Leiter ein gewisser Anton Martin war. Angekündigt wurde es durch eine Beilage zur Wiener Zeitung; dieses am 9. April 1781 datierte Avertissement[387] versprach, dass die neue Einrichtung *nur sehr geringe Taxen* verlange, womit es *dem hohen so als dem niedern bequem und nützlich* sei, von Vorteil für jeden *Bürger, Landwirth, Fabrikant, Handelsmann, Künstler, Handwerker, [und] sogar de[m] gemeine[n] Bauersmann.*

Nicht weniger als zwölferlei Protokolle sollten in diesem Fragamt geführt werden, im Angebot waren nicht nur Kapital-, Arbeits-, Immobilien- und Warenvermittlung, sondern auch ein *Buch für Tausch- und Kostkinder,* womit ein Protokoll gemeint war, mit dessen Hilfe Kinder zum Fremdsprachenerwerb für eine bestimmte Zeit in eine anderssprachige Familie geschickt werden sollten, eine Praxis, die in dieser ungarisch-, slowakisch-

und deutschsprachigen Region schon seit mehreren Jahrhunderten üblich war; die Gebühr dafür betrug sechs Kreuzer.[388] Martin garantierte seinen Klienten Diskretion; niemand sollte in die Protokolle Einsicht haben, und erst bei Zustandekommen eines Vermittlungsakts würde der Name einer Partei *dem andern in das Geschäft Einfluß habenden Theile eröffnet werden.* Weiter kündigte der Fragamtsdirektor an, dass wöchentlich ein Kundschaftsblatt mit Auszügen aus den Protokollen des Amts erscheinen sollte.[389] Das Exemplar war zunächst für vier, dann für drei Kreuzer zu haben,[390] im Abonnement kostete es jährlich zwei Gulden; vier Gulden achtzehn Kreuzer, sofern das Blatt auswärts per Post verschickt wurde.[391]

Das Pressburger Fragamt kooperierte mit Partnern in Wien und in Pest; so verkündete es seinen Lesern, dass es mit zwei in diesen Städten lebenden *Freunden* zweimal wöchentlich korrespondiere; wer immer etwas dort einkaufen lassen wolle, brauche dies nur mitzuteilen und würde promptest bedient. So könnten sich Interessenten aus Pest *die geschmacktesten Wasser-Melonen,* dann *Blatter-Toback von dem bekannten Fleischhacker Franz, (...) gemahlene[n] Paprika, (...) türkische[n] Pfeffer, Luft geselchte[n] Speck, gute[n] Ofner Wein, dann die so beliebte Debreziner Saife in ganzen, halben, und Viertel-Tafeln* zukommen lassen. Überdies würde das Pressburger Kundschaftsblatt auch nach Pest verschickt werden und könnte beim Sänftenunternehmer – *dem Besteller der alldortigen Trage-Sesseln* – gegen Gebühr von einem Gulden jährlich erworben werden. Martin bezeichnete diese Außenstelle als *Pester Unter-Amt,* das für das *Oberam[t]* auch Aufträge zur Einschaltung im Pressburger Kundschaftsblatt annehme.[392] Doch in Pest wurden nicht nur Informationen entgegengenommen: Der Sänftenunternehmer war auch dazu bereit, Wassermelonenkerne gegen Bargeld anzukaufen.[393] Was die Kooperation mit Wiener Interessenten anbelangt, lassen sich dafür zwei Beispiele nachweisen: So veröffentlichte das Pressburger Fragamt im Spätsommer 1782 den Auftrag, von Wien aus Pressburger Granit zu verkaufen;[394] knapp danach bekam es *Ordre,* für eine Wiener Partei

Wermut sowie Wein anzukaufen. Wer solchen anzubieten habe, solle eine Probe davon samt Preis an das Fragamt einsenden, das solche an die Wiener Auftraggeber weiterschicke.[395]

Der Umfang des Kundschaftsblatts betrug zunächst vier Seiten, was laut Martin oft nicht ausreichte, um die Qualifikationen der Arbeitssuchenden, die zu verkaufenden Waren oder zu vermietenden Wohnungen zu beschreiben, weswegen er seine Leser dazu aufforderte, im Amt wegen genauerer Angaben nachzufragen.[396] Zumindest anfangs wurden die zu vermittelnden Objekte in einer recht ungeordneten, an eine chinesische Enzyklopädie Borgesscher Provenienz gemahnenden Zusammenstellung abgedruckt:

Ein Fechtmeister wird gesucht für einen Cavalier. Item ein Spieltisch von türkischen Haselholz, ein Bedienter, so Frauenzimmer frisiren, und Tafel serviren kann. Ein Heuboden auf 10 Klafter, eine Schupfen auf 6 Wägen, und einige Klafter Holz. Ein Husar, so frisiren, und barbieren kann. Eine Wohnung etwa pr. 2 Zimmer im 1ten Stock. Ein anderes Viertel Jahr Zimmer im 1ten oder 2ten Stock mit Aussicht auf die Gassen. Ferners die im vorigen Wochenblatt erwehnte Arbeits-Leute in einen herrschaftlichen Holzschlag. Nicht minder an dürren Obst: 100 Metzen verschiedene Zwetschgen, 1500 Metzen Nüssen, 100 Metzen Kletzen, mit dem Beysatz, daß der Käufer, wann das gante Quantum nicht von einer Hand zu bekommen wäre, sich mit mehreren Partheyen einlassen, Kontrakte errichten, auch mit der Lieferung bis auf künftigen Herbst warten wolle. Es sind auch Liebhabere, welche eine gewisse Anzahl von sogenannten Ziegelkäs kaufen wollen, welcher auf gräflich Forgacsischen Güttern gemacht wird, und dem Lüneburger-Käs gleich kömmt. Das Amt bittet um Nachricht, und ist bereit solchen an Mann zu bringen.[397]

Gemäß der Ankündigung sollte die Hälfte der vom Fragamt geführten Protokolle der Arbeitsvermittlung dienen; Martin schien aber mit Akzeptanzproblemen sowohl seitens der Arbeitssuchenden als auch seitens der Arbeitgeber zu kämpfen. So

rief er sein Publikum eigens dazu auf, ihm *allenfalls vorkommen-*
de Dienstlose Oesterreicher, oder sonst Oberländer Hausknechte (...)
zuzuschicken,[398] und bedauerte, dass viele, die mittels Fragamt
ihr Glück machen könnten, die Güte dieses Amtes nicht einsehen
woll[t]en, und sich für die ämtliche Einschreibung gleichsam scheuen
würden.[399] Bei manchen habe sich das *Vorurtheil* eingeschlichen,
dass ihnen eine Einschreibung *präjudicirlich* sei oder dass nur
jene sich vormerken ließen, *die sich schon nicht mehr selbst helfen*
könn[t]en, oder wohl gar nicht von gutem Kaliber wären.[400] Dabei
gebe es immer wieder eine Nachfrage nach Arbeitskräften, die
leider nicht bedient werden könnte, da sich die Dienstboten
nicht meldeten, auch würden öfters Lehrherren vergeblich nach
Lehrjungen suchen.[401] Letztere würden, wenn sie arm seien, unentgeltlich verzeichnet, während Bemittelten für die Einschreibung nicht mehr als drei Kreuzer verrechnet würden; die Eltern
der potenziellen Lehrlinge sollten sich eine solche Gelegenheit
nicht entgehen lassen.[402] Die Arbeitgeberseite wurde ebenfalls
zu mehr Aktivität animiert: *[D]as Fragamt wünscht nur, daß*
Herrschaften so dergleichen [nämlich *arbeitsame Dienstleute*] *brau-*
chen, sich melden, da sie alsdann jederzeit die täuglichsten auslesen
können.[403] Immerhin genieße er *das gnädigste Zutrauen einiger*
hoher Herrschaften, die bereits einige Subjecten durch den Kanal
dieses Amtes aufzunehmen geruhet haben, und mit beyderseitiger
Zufriedenheit noch dato beybehalten.[404] Im dritten Jahr seiner Ge-
schäftätigkeit konnte er schließlich zufrieden feststellen, dass
einige herrschaftliche Familien dazu bereit waren, ihre Dienstboten exklusiv durch das Fragamt aufzunehmen.[405]

Zunächst schien Martin daran gedacht zu haben, nur an Männer Arbeit zu vermitteln, als aber auch Frauen diese Dienstleistung in Anspruch nehmen wollten, war er dazu bereit, für diese
ein eigenes Protokoll zu eröffnen.[406] Er betonte allerdings, dass
nur *derley Dienstsuchende Weibspersonen* eingeschrieben würden,
die, soferne sie noch nicht in Dienst gewesen wären, *hübsche*
Eltern hätten, die für sie bürgen oder aber die Empfehlungsschreiben von angesehenen Personen vorweisen könnten. Von

denjenigen Dienstbotinnen, die bereits beschäftigt gewesen waren, verlangte Martin Dienstzeugnisse, die im Amt deponiert werden sollten.[407] Von der ersten Frau, die auf eine solche Weise Arbeit suchte, sprach der Fragamtsdirektor als von *einer wohlgewachsenen Blondine*, einer 26-jährigen Witwe, die Französisch-, Italienisch- und Deutschkenntnisse vorzuweisen und deren Mann in Diensten eines angesehenen ungarischen Haushalts gestanden hätte. Sie suchte eine Beschäftigung als Kammerfrau oder Gouvernante; weiter boten noch eine Kammerjungfer und zwei Stubenmädchen ihre Dienste an.[408] Wiederholt tauchten in der Folge beim Fragamt Frauen auf, die mittels seiner Hilfe Arbeit zu finden hofften: So wies das Kundschaftsblatt auf *Frauenzimmer* hin, die es verstanden, *Preßburger Hauben* zu heften und zu putzen sowie Seidenstrümpfe zu waschen; diese *Arbeiterinnen* würden unentgeltlich vermittelt werden.[409] Außerdem annoncierte eine Augenheilerin ihre Künste: *Böse Augen oder ein Fell* könnte sie *von solchen (...) vertreiben*; ihre Mittel bestünden *blos in einem ganz unschuldigen Wasser, welches für Hitz und kühle Flüsse dienet.*[410]

Einen besonderen Service konnte Martin im Frühjahr 1782 anbieten: Es hatte sich bei ihm jemand gemeldet, der Stoffe, Kleider, Vorhänge und Sofaüberzüge färben und auch wieder so waschen konnte, dass die Farbe nicht ausging. Das Fragamt diente als Schnittstelle zu dieser Person: Jeden Montag könnten die zu färbenden oder zu waschenden Textilien dort abgegeben werden und lägen am darauffolgenden Samstag wieder zur Abholung bereit; das Fragamt mutierte somit auch zu einer Wäschereifiliale.[411] Zudem vermittelte es Schreibarbeiten, da es einen *geschickte[n] Menschen bei Handen* hatte, der bereit sei, gegen geringe Bezahlung auf Deutsch und Latein *alle Gattungen Schriften aufzusetzen, und auch sehr sauber in das Reine zu bringen (...), es mögen nun Bittschriften, Kontrakten, Briefe, Auszügeln, Lehrbriefe, Berechnungen, Schuldscheine, Visit- Tafel- musikalische Akademien, und Ball-Bilieten, verzierte Tittl-Blätter, Innschriften auf gezeichnete Riße oder Plane, dann Münz oder Medaillen, und Naturalien Kabinete, oder was immer seyn.* Im Gegensatz zu den *Winkelschreibern*, die nur *Verwirrungen* stiften und durch die viele Personen um ihr Geld gebracht würden, könnten sich die Auftraggeber der dem Schreiber anvertrauten Dokumente sicher sein und auch darauf vertrauen, dass dieser angesichts der in den Schriften behandelten Geschäfte und Geheimnisse verschwiegen wäre.[412]

Überhaupt legte Martin Wert auf Geheimhaltung, und dies insbesondere bei der Arbeitsvermittlung: Niemand anderer als er sowie sein *beschworner Gehülfe* hätten Einblick in die Protokolle, und auch den potenziellen Arbeitgebern würden die Namen der Arbeitssuchenden erst dann preisgegeben, wenn diese nach Informierung über die Qualifikation einer Person dem Fragamt explizit den Auftrag erteilt hätten, die betreffende Person zuzuschicken.[413]

Das Fragamt – es befand sich im ehemaligen Jesuitenkloster, dem Ormoschdischen Haus am Ursulinerplatz[414] – verfügte auch über ein Amts-Depositorium zur Lagerung der in ihm verkauften Waren, wozu Schmuck und Uhren[415] ebenso zählten wie Bücher,[416] Mineralwasser,[417] Antiwanzenmittel,[418] Wein – ein Verkaufsschlager[419] –, Mottenpulver, Pillen gegen Zahnschmerzen,[420] Senf,[421] Tabak,[422] Kippas – *Kappeln, wie solche die Judenschaft zu tragen pfleget* – und Knöpfe.[423] Auffallend ist, dass Martin mit den Käufern über sein als geradezu geschwätzig zu bezeichnendes Kundschaftsblatt regelrecht kommunizierte: Als er einmal ankündigte, dass demnächst *Marschansker Aepfel* verkauft würden, informierte er potenzielle Interessenten, dass *deren Ankunft und nächster Preis (…) auf einem geschriebenen Zettel an der äußern Amts-Thür zu sehen seyn* würde.[424] Speise- und Lampenöl wurde in Flaschen abgegeben, für die ein Einsatz von fünf Groschen zu bezahlen war; das Leergut wurde zurückgenommen: *[D]iejenigen, so die Flaschen unbeschädigt, nebst denen Stoppeln zurück bringen, bekommen auch den 5ten Groschen wieder zurück.*[425] Zuweilen sind auch Rückkopplungseffekte feststellbar: So war der im Fragamt verkaufte Fruchtsirup – hergestellt aus *Ribisel-Erdbeeren* bzw. *Himbeeren – denen Liebhabern zu dick und zu süß*; dem Produzenten wurde dies mitgeteilt, worauf dieser ihn *dünner, und etwas ansäuerlich* machte.[426] Vermittelt wurden des Weiteren Sonnenblumen- und Wassermelonenkerne: Als deren Erntezeit nahte, ließ Martin verlautbaren, dass das Fragamt bereit war, diese anzukaufen, sofern sie denn gut ausgetrocknet waren.[427]

Was die Wohnungsvermittlung anbelangt, so war Martin recht erfinderisch, wenn es darum ging, deren Besorgung durch das Fragamt als Konkurrenz zu den herkömmlichen Methoden der Wohnungssuche zu preisen: Bislang sei man oft einen ganzen Tag dabei herumgegangen und hätte *an s.v. Schuhen dreymal so viel ab[ge]nutzet, als diese 4 kr. Taxe* betragen würde; manch einer habe *sich müde gegangen, und die Zeit versplittert, welche vielleicht mit Erwerbung einigen Verdienstes hätte zurückgeleget werden können.* Beim Fragamt sei es hingegen nur nötig, die wenigen Schritte ins Amt zu gehen, in das Protokoll Einsicht zu nehmen und sich sodann ohne Umwege zum dort beschriebenen Haus zu begeben. Viele auf traditionelle Weise Wohnungssuchende würden zwar die an den Häusern angeschlagenen, zuweilen unscheinbaren oder verschmutzten Zettelchen sehen, seien aber oft nicht fähig, diese zu lesen, und würden den Hausinhaber oder dessen Bedienstete *unnütz strapazir[en]*, um dann erst zu erfahren, dass die angebotene Wohnung für sie *bald zu groß, oder zu klein, oder zu theuer* sei. Auch komme vor, dass derlei Zettel *öfters aus blosser Malitz eines Nachbars, oder eines Inwohners, oder auch aus Schelmerey der Jugend herabgerissen* würden. Schließlich gebe es noch einen weiteren Vorteil: Manchmal würden Quartiersuchende nach Vorfinden eines Zettels in ein Haus eintreten, aber den Hausmeister bzw. den Hausinhaber nicht auffinden und stattdessen einen vielleicht verbitterten Mieter vorfinden, der auf den Hausbesitzer nicht gut zu sprechen wäre und der zu vermietenden Wohnung allerlei Defekte andichte, wodurch das ganze Haus *in üblen Ruf* gerate. Das Fragamt würde hingegen *den Quartier Suchenden directe an den Haus-Herren, Haus-Frau, oder Hausmeister anweisen*, die ihm persönlich die Wohnung zeigen würden; der *gehässig[e] Inwohner* würde dann *sich etwas moderiren, und mit schädlichen Verläumdungen etwas sparsamer seyn.*[428] Eher schleppend scheint das Geschäft der Geldvermittlung angelaufen zu sein. Als das Fragamt in einer Woche einmal *mehrere Geldbedürftige, und mehrere Geld anzulegen gesonnene zu beyderseitig grosser Zufriedenheit* zusammengebracht hatte, sprach Martin von einer *gesegnete[n] Woche* und verlieh seiner Hoffnung Ausdruck, dass das Amt beim Publikum noch mehr Vertrauen gewinnen und Letzteres *dem Vorurtheil nicht so viel Platz einräumen* würde.[429] Zuweilen bemühten sich auch Erfinder, mittels des Fragamts für die Verwirklichung ihrer Projekte Kapital aufzunehmen: So zeigte der *berühmte Mechanikus Herr Musy* an, dass er *das unschätzbare Geheimniß erfunden* habe, eine Mühle zu verfertigen, die nur durch einen Mühljungen oder mittels sehr wenig Kraft angetrieben werden konnte. Er würde eine solche errichten, wenn Investoren die Summe von 1000 Dukaten aufbrächten.[430] Offensichtlich fanden sich einige Kapitalgeber, denn drei Wochen später vermeldete das Kundschaftsblatt, dass mehrere Personen dem Mühlenerfinder ein *Douceur* versprochen hätten, und kommentierte dies mit dem Jubelschrei: *Ein neuer Beweis der aufgeklärten Welt!*[431]

Sorge bereitete Martin die hohe Mobilität seiner Klienten: Wiederholt kam es vor, dass diese einen Wohnungswechsel nicht beim Fragamt anzeigten, was zur Folge hatte, dass er Interessenten in die Irre schickte; er bat daher *jedermann, der seine Wohnung veränder[n würde], solches anzudeuten, damit man es im Protokoll abändern könne, massen es denen Partheyen selbst zum Nachtheil gereichet, wann man sie bey Vorfallenheiten nicht zu finden vermag.*[432] Überhaupt war das Fragamt auf die Personensuche spezialisiert und veröffentlichte im Kundschaftsblatt Aufrufe, den Wohnort von Personen unbekannten Aufenthalts zu melden. Eine solche Annonce lautete: *Eine sichere Elisabetha Schuberthin von Herren-Grund bey Neusohl gebürtig, so allhier in*

Preßburg als Zimmer- oder Stuben-Magd sich befinden solle, wird von ihrem leiblichen Bruder gesucht. So jemand von dieser Elisabeth Schuberthin einige Wissenschaft ihres Aufenthalt-Orts haben sollte, der beliebe es dem Frag-Amt gütigst zu melden.[433] Zumindest in einem dieser Fälle konnte Martin dann auch eine Erfolgsmeldung bringen, als nämlich einem Pressburger Handelsmann Post – ein Brief samt Paket – zugestellt worden war, adressiert an eine *Madame de Weinert née de Plecrer de Plan á Preszbourg.* Da alle Nachfrage ergebnislos war, wandte sich Martin mittels des Kundschaftsblatts an die Pressburger Öffentlichkeit[434] und stellte tatsächlich schon eine Woche später erleichtert fest, dass die Post *der Frau Eigenthümerinn zu ihrer nicht geringen Zufriedenheit richtig zugestellet und behändiget worden* wäre. Der Fragamtsdirektor nahm dies zum Anlass, mitzuteilen, *daß alle Personen, deren Wohnungen unwissend sind, durch dieses Fragamt leicht aufgesucht und gefunden werden könn[t]en.*[435]

Ein zusätzliches Angebot stand den Benutzern des Pressburger Fragamts spätestens ab Januar 1782 zur Verfügung, nämlich das einer Leihbibliothek. Bereits im vorhergehenden Sommer hatte das Kundschaftsblatt angekündigt, dass eine ungenannte Person ein Ansuchen um Bewilligung eines Lesekabinetts nach Vorbild des Trattnerschen Lecturkabinetts zu Wien eingereicht habe. Erwartet wurde, dass einhundert *Pränumeranten* jährlich zwanzig Gulden für dessen Benutzung zahlten; zu lesen geboten werden sollten ihnen deutsche, lateinische, ungarische, französische, italienische und englische Bücher.[436] Dieser Plan eines Lesesaals scheint nicht verwirklicht worden zu sein. Stattdessen bot Martin den lesewilligen Pressburgern ein halbes Jahr später an, im Fragamt Romane gegen die Gebühr eines Kreuzers pro Tag auszuleihen,[437] bald standen auch Sachbücher zur Verfügung.[438] Der Fragamtsdirektor beeilte sich kundzutun, dass *keine etwa anstössige, oder gar unerlaubte* Bücher ausgegeben würden, sondern nur solche, die die Zensur passiert hätten.[439] Die Liste der zur Ausleihe angebotenen Bücher wurde zunächst im Kundschaftsblatt veröffentlicht. Die Bücher waren nummeriert, die höchste Zahl betrug 409, wobei es allerdings auch unnummerierte Bücher gab[440] und Martin später konzedieren musste, dass der im Kundschaftsblatt zur Verfügung stehende Raum nicht mehr ausreichte, die Neuerwerbungen zu verzeichnen. Stattdessen versicherte er, dass im Fragamt *die besten in- und ausländischen deutschen erlaubten Bücher von allerlei Inhalt, zum Lesen vorhanden* wären.[441] Sollte jemand ein Buch lesen wollen, das nicht auf dieser Liste verzeichnet war, so bestand die Möglichkeit, dieses für den dritten Teil seines Preises vorauszubezahlen; das Buch wurde dann durch das Fragamt angeschafft, und die betreffende Person konnte es so viele Tage ausleihen, als die Vorauszahlung Kreuzer betrug. Auf diese Weise könne man ein Buch, das mehrere Gulden koste, für einen Groschen lesen.[442] Martin war sich auch bewusst, dass für Parteien, die außerhalb Pressburgs wohnten oder sich mit ausgeliehenen Büchern auf Reisen begeben wollten, die Leihgebühr von einem Kreuzer täglich zu teuer war. Diesen bot er an, mehrere Bücher gegen Bezahlung eines Pauschalbetrags zu entlehnen oder sich zuschicken zu lassen.[443] Manchmal kam es vor, dass die Leser ihre Bücher gleich im Fragamt selbst lesen wollten, was allerdings bei den Fragamtsbetreibern nicht auf Gegenliebe stieß: Letztere baten *die Herrn Liebhaber ergebenst, sich mit Lesen der Bücher im Amte selbst nicht zu beschäftigen,* da sie dadurch in ihren Geschäften aufgehalten würden und dies außerdem jenen *Fremden, die etwa etwas Geheimes anzubringen h[ätt]en, unangenehm* wäre.[444]

Im Falle eines äußerst wertvollen Buches, nämlich Lavaters *Physiognomischen Fragmenten,* hatte sich Martin ein besonderes Prozedere überlegt: Anfang September 1782 kündigte er an, dass das Fragamt dieses Werk, dessen Kosten von einhundertsechzig Gulden einem Privatmann die Lektüre fast verunmögliche, anzuschaffen gedachte, es müssten sich nur fünfzig bis sechzig Interessenten finden, die zur Bezahlung von zwei Gulden bereit seien. An diese wollte Martin Billets ausgeben, die in der Reihenfolge der eingehenden Vorauszahlungen nummeriert sein sollten. Die vier Teile des Lavaterschen Werkes würden in zwölf Bände gegliedert, und der Vorauszahler mit der Nummer 1 könnte den ersten Band ab 1. Oktober 1782 für drei Tage zur Lektüre entlehnen, woraufhin er am 3. Oktober den zweiten Band bekomme und der Vorauszahler mit dem Billet Numero 2 nunmehr den ersten Band erhalten würde. Selbstverständlich war dieses ausgeklügelte System davon abhängig, dass die *strengste Genauigkeit beobachte[t]* werde; es ist nicht bekannt, ob es tatsächlich realisiert wurde.[445]

Zunächst waren es ausschließlich Bücher, die über das Fragamt entliehen werden konnten, bis dessen Direktor Anfang Juni 1782 dafür warb, in- und ausländische Zeitschriften und Zeitungen zu subskribieren.[446] Er fand damit allerdings nur geringe Resonanz: Interessenten hätten dafür jährlich sieben Gulden zahlen müssen und die betreffenden Periodika jeweils zwei Tage entleihen können,[447] daher fanden *sich viel zu wenig Liebhaber,* was Martin allerdings nicht davon abhalten sollte, trotzdem zehn bis zwölf Journale zu bestellen.[448] Noch Ende 1783 vermeldete das Kundschaftsblatt, dass im Fragamt künftig gegen monatliche Vorauszahlung von vierunddreißig Kreuzern auch Zeitschriften zu entleihen seien.[449] Die Inhaltsverzeichnisse mancher der bestellten Zeitschriften wurden im Kundschaftsblatt veröffentlicht, das somit auch die Funktion eines Referatedienstes erfüllte.[450]

Welche Aufgaben übernahm das Fragamt noch? – Es nahm Anfragen nach Reisebegleitung entgegen, die nicht nur im Medium des Kundschaftsblatts veröffentlicht wurden, sondern auch per *Anschlagszettel an den äusseren Amts- und Gassenthüre[n].*[451] Immer wieder brachte das Kundschaftsblatt Annoncen von Eltern, die ihre Kinder – *Knaben und Mägdlein* – als sogenannte *Tauschkinder* zum Fremdsprachenerwerb für einige Zeit in einer anderssprachigen Familie unterbringen wollten: *[K]ein bequemeres Mittel* würde es geben, *daß die Kinder mit geringeren Unkösten entweder ihre Mutter, oder eine andere Sprache erlernen könn[t]en.*[452] Allein, Martin bedauerte, *daß hiesigen Innwohnern dieser Antrag nicht gefallen* wollte, noch dazu, wo die betreffenden Kinder *nicht von Bauersleuten, sondern von Kondition* wären.[453] Personen, die zeichnen lernen wollten, verlieh das Fragamt Zeichnungen als Vorlage.[454] Das Pressburger Frag- und Kundschaftsamt sollte nur knapp drei Jahre Bestand haben. Bereits im September 1783 teilte Martin seinem Publikum mit, dass er das Kundschaftsblatt Ende des Monats aufgeben wollte.[455] Er entschloss sich dann – auf Ratschlag seiner Kunden – doch, das Blatt in abgespeckter Form noch einige Wochen weiterzuführen,[456] bis er Ende des Jahres das endgültige Aus des Kundschaftsblatts – und damit wohl auch des Fragamts – verkündete. Als Grund nannte er den Umstand, dass der *Mangel an Materie immer größer* würde.[457] Vielleicht gab es in Pressburg mit seinen gerade mal 30.000 Einwohnern tatsächlich nicht genügend Kundschaft für ein Adressbüro; eventuell spielte auch eine Rolle, dass Pressburg in eben dem Jahr 1783 seine Hauptstadtfunktion an Buda (Ofen) verlor,[458] wo dann auch später ein Fragamt eröffnet wurde.[459] Martin selbst scheint ebenfalls nach Ofen übergesiedelt zu sein, 1785 taucht er dort als Mitarbeiter beziehungsweise Betreiber eines *Lecturkabinets* auf.[460]

In Johann Matthias Korabinskys *Beschreibung der königl. ungarischen Haupt- Frey- und Krönungsstadt Preßburg* wird das Fragamt nicht erwähnt, und weder Friedrich Nicolai noch Heinrich Sander, die 1781/82 Pressburg besuchten, verloren ein Wort über die Einrichtung.[461] Dennoch ist die Martinsche Institution bemerkenswert, schon wegen der Vielfalt der dargebotenen Dienstleistungen, deren Spektrum von der Hilfestellung beim profanen Austausch alltäglicher Güter bis hin zum Angebot einer Leihbücherei reichte. Das Pressburger Fragamt beanspruchte für sich, eine wahre Stätte universeller Vermittlung zu sein.

Die *Frankfurter Frag- und Anzeigungsnachrichten*

Als erstes deutsches Intelligenzblatt gelten die ab Januar 1722 in Frankfurt am Main erschienenen *Wochentliche Frankfurter Frag- und Anzeigungsnachrichten*.[462] Gegründet wurden sie vom Drucker und Verleger Anton Heinscheidt, der in seinem Gesuch um ein Druckprivileg das Wiener Fragamt als Vorbild nannte: Dieses sei von den Frankfurter Handelsleuten so wohlwollend aufgenommen worden, dass sie eine vergleichbare Einrichtung auch für ihre Stadt wünschten. Die Anzeigungsnachrichten bezeichnete er als *gleichsamb neue Absprößlinge* des in Wien errichteten *Universal Frag- und Kundschaftsambt*.[463] In der öffentlichen Ankündigung seines Intelligenzblatts nannte er als weitere Vorbilder die Londoner *Offices of Intelligence* sowie das Pariser *Bureau d'adresse* und wies auch auf Schröders Intelligenzwerk-Projekt hin. Der Nutzen dieser Einrichtungen liege darin, dass deren Bekanntmachungen *die Begierden der Menschen anlocke, dasjenige zu kauffen, oder zu verkauffen, zu lehnen oder auszuleyhen, was sie sonsten wohl nicht würden gethan haben, wann sie davon keine Nachricht gehabt hätten, wodurch dann sowohl die Waaren, als das Geld in Circulation gebracht und folglich die Handlung befördert [würde]*. An Dienstleistungen anbieten wollte Heinscheidt Verkaufs-, Geld- und Arbeitsvermittlung, die Bekanntgabe gefundener oder gestohlener Sachen und ankommender Fremder sowie die Vermittlung von Reisebegleitungen. Wer ein solches Anliegen vorbringen wollte, hatte sich bei Heinscheidt *in der Mayntzer-Gaß, ohnweit der Carmeliter-Kirche, an[zu]melden* und einen Betrag von vier Kreuzern zu entrichten, wonach die *Aussage in eine expressè darzuhaltendes Buch geschrieben, und hernach alle Montag nach der Ordnung der Anzeige, durch den Druck bekannt gemacht werden* sollte. Heinscheidt erwähnte auch eigens, dass die Veröffentlichung des jeweiligen Anliegens anonym erfolgen sollte; wer den Namen eines Inserenten wissen wollte, hatte sich in sein Haus zu begeben und vier Kreuzer zu hinterlegen. – *In*

Summa: Man wird alle erforderliche Geheimhaltung beobachten, und niemand aus dem haltenden Buch oder Protocoll etwas offenbahren, der es nicht nothwendig wissen muß. Eingebracht werden konnten die Anliegen persönlich oder per Brief.[464] Eine eigene Bezeichnung für den Vermittlungsort, an dem das Buch mit den einzutragenden Anliegen auslag, scheint Heinscheidt nicht verwendet zu haben, was als Indiz dafür gewertet werden kann, dass das Intelligenzblatt – es sollte bald zweimal wöchentlich erscheinen und wurde allgemein als *Blättchen* bezeichnet[465] – bereits für wichtiger gehalten wurde als das Adressbüro selbst. Allerdings sollte Heinscheidt es schon im August 1722 als nötig erachten, eigene Räumlichkeiten für den Verkauf der annoncierten Waren anzumieten; *diese neue Anstalt* wurde als *ein annexum der Frag- und Anzeigungs-Nachrichten* bezeichnet[466] und folgendermaßen angekündigt:

> *Nachdem der Außgeber dieser Frag- und Anzeigungs-Nachrichten wahrgenommen, daß es denen Käuffern und Verkäuffern derer in dieselben gesetzten Mobilien bißhero sehr incommod gewesen, daß die zu verkauffende Sachen nicht an einen gewißen wohlgelegenen Ort in der Stadt gebracht, allda verwahrlich auffbehalten, und sowohl zum besehen als verkauffen exponiret worden, als hat er diesem Incommodo abzuhelffen die wohlgemeynte Anstalt gemacht, daß von nun alle durch die Anzeigungs-Nachrichten bekannt gemachte Verkauffliche Mobilien in Herrn Hubels Hauß, auf dem grossen Kornmarkt zum Weissen Engel genannt, gebracht, allda von zwey wohlbekannten Persohnen gegen Schein in Empfang genommen, in ein Buch geschrieben, wohl verwahret auffgehoben, jedermann auff Verlangen gezeiget, und verkauffet werden sollen.*[467]

Bemerkenswert ist, dass auch für die Besichtigung einer ausgestellten Ware eine Gebühr zu zahlen war: Falls ihr Wert drei Gulden oder mehr betrug, hatte der potenzielle Käufer vier Kreuzer zu entrichten; war sie weniger wert, musste dieser Betrag nur im Falle des Kaufs bezahlt werden. Weiter fielen

sowohl für Verkäufer als auch für Käufer Kommissionsgebüh-
ren an, die für Erstere drei und ein Drittel Prozent, für Letztere ein und zwei Drittel Prozent vom Wert der vermittelten
Ware betrugen, insgesamt also fünf Prozent. Verkaufstage waren
Montag und Freitag von 8 bis 12 Uhr vormittags und von 2 bis 6
Uhr nachmittags, winters von 9 bis 12 Uhr vormittags und von
2 bis 4 Uhr nachmittags. Ursprünglich sollte mit dem Verkauf
bereits am 15. August 1722 begonnen werden, der Termin ver-
zögerte sich allerdings, vielleicht weil Heinscheidt erst eigens
den Verkäufern versichern musste, dass ihre Namen geheim
blieben. Erfolg scheint er mit diesem Angebot gehabt zu haben,
da zur Ostermesse als zusätzlicher Verkaufstag der Mittwoch
eingeführt wurde; zum Verkauf standen vorwiegend Luxusgegenstände wie Gemälde, römische Antiquitäten, *alte rare Thaler*
und schließlich auch Wein.[468]

1806 wurden die *Frankfurter Frag- und Anzeigungsnachrichten*
in *Intelligenzblatt der freien Stadt Frankfurt* umbenannt, ab 1910
bis zu ihrer Einstellung im April 1934 hießen sie *Frankfurter
Nachrichten und Intelligenz-Blatt.*[469]

Sächsische Adressbüros

In Dresden war es der Kameralist Paul Jacob Marperger (1656–
1730), der im Dezember 1714 gemeinsam mit Emanuel Jacobi
um ein Privileg der Einrichtung eines *Adreß-Kontoirs* ersuchte.[470] Marperger hatte bereits 1710 in seiner *Beschreibung der
Messen und Jahr-Märckte* ein *Meß-Adress-Contoir* vorgeschlagen,
das der Vermittlung von zur Messezeit notwendigen Arbeitskräften – *Marckt-Helffers und Handlangers oder Tag-Löhners* bzw.
Kauf-Dieners oder Jungen – dienen sollte. Geführt werden sollte
dieses Comptoir von den *beeydigten Stadtmäcklers oder Sensalen*,
also den traditionell für den Warenaustausch zuständigen Ver-
mittlern. Marperger betonte insbesondere die Kontrollfunktion
der von ihm angeregten Einrichtung: Die Makler sollten die sich

anmeldenden Arbeitssuchenden *vorhero examiniren und ihres Thuns und Lassens halber genaue Nachricht einziehen.* Außerdem könne das *Adress-Contoir* gleich einen Notar bestimmen, der die Verträge zwischen den Kaufleuten und den von ihnen anzustellenden Dienern anzufertigen habe; ein Formular für einen solchen Vertrag druckte Marperger ab.[471] An anderer Stelle kündigte er auch den Druck eines *Tractat[s] von denen so genannten Address-Contoiren* an, das sich jedoch nicht nachweisen lässt.[472] Das 1714 vorgeschlagene Adressbüro war jedenfalls umfassender als das *Meß-Adress-Contoir* konzipiert, es sollte nicht nur der Arbeitsvermittlung, sondern auch der Verkaufs- und Geldvermittlung dienen; überhaupt sollte es eine Auskunftsstätte für Informationen aller Art sein: Wer *sonst von einer oder der andern Sache und Angelegenheit informiret seyn woll[te],* würde *gründliche Nachricht gegen einen kleinen Recompens* erhalten.[473] Zu diesen Informationen zählten nach Marperger und Jacobi nicht nur solche ökonomischer Natur – wie *Preißcouranten, Wexsel-Coursen, Schiffer-Listen, Auctions- und Verkauff Notificationes* –, sondern auch solche, die Gelehrten dienen sollten, namentlich Kataloge über neu erschienene Bücher.[474] An Vorbildern nannten die beiden Projektanten Adressbüros in Wien, Berlin, London und Paris; ihre eigene Einrichtung sollte nicht nur in Dresden, sondern auch in Leipzig und anderen sächsischen Städten etabliert werden.[475] Die Gebühren für die Benutzung des Adressbüros teilten sich auf in eine Einschreibgebühr von zwei Groschen und eine Vermittlungsgebühr, die beim Zustandekommen einer Transaktion anfallen und je nach Wert der vermittelten Ware oder Dienstleistung unterschiedlich hoch sein sollte. Bei Armen wollten Marperger und Jacobi es aber *so genau nicht nehmen.*[476] Die kursächsischen Behörden waren grundsätzlich nicht abgeneigt, das beantragte Privileg auf zehn Jahre zu bewilligen, und betonten, dass sich in einem solchen Adressbüro die bisher *in denen Avisen, und an denen so genannten schwarzen Bretern* publizierten Notifikationen *gleichsamb concentrirten.* Es sollte sich aber auf die Informationsvermittlung beschränken und nicht zu einer Verkaufsstätte für Waren werden, auch sollte niemand zur Inanspruchnahme des Adressbüros gezwungen werden.[477] Trotz der Befürwortung seitens der Behörden wurde Marpergers Plan genauso wenig verwirklicht wie das 1721 von Johann Gottfried Gutkäß vorgelegte, groß angelegte *Projekt zur Einrichtung eines regulirten Adreßwesens*, das neben der Gründung eines Adressbüros auch die Schaffung einer Kaufmannsbörse und einer Armenhauskasse vorsah sowie die polizeiliche Anmeldung von Fremden und das Maß- und Gewichtswesen regeln wollte.[478]

Projekt blieb auch der von Generalmajor Friedrich Wilhelm Freiherr von Kyaw in den 1710er Jahren ausgearbeitete Vorschlag eines in Dresden und Leipzig zu gründenden *General-Notiz und Kundschaftshaus*, das dem im Niedergang befindlichen Handel aufhelfen sollte. Als Dienstleistung sollte dort Immobilien-, Geld- und Warenvermittlung betrieben werden; weiter sollten alle sechs Wochen Auktionen, insbesondere von Möbeln abgehalten werden, nach Vorbild einer nicht näher charakterisierten, in Brüssel angesiedelten Anstalt. Überhaupt könnte *allen und jeden, so etwas zu wissen begehren oder zu haben verlangen, (...) durch solches Haus aufs kräftigste beigestanden werden, und jeder hier am geschwindesten und bequemsten seinen Endzweck erhalten.* Recht präzise meldete Kyaw seinen Bedarf an Räumlichkeiten und Personal an: Sein Adressbüro sollte an stark frequentierten Orten errichtet werden, nämlich in Dresden in zwei Stuben des neu angekauften Akzise- und Steuerhauses, in Leipzig in zwei Stuben unter der Börse. Angestellt werden sollten ein Notizvorsteher, ein Notizschreiber sowie Jungen und Boten. Als Medien zur Verbreitung der Anliegen sollten zum einen gedruckte Notizblätter, zum anderen öffentlich ausgehängte Notiztafeln dienen; im Adressbüro selbst sollten Journale und Protokolle zur Registrierung der Anfragen und Verträge geführt werden. Für die Einsichtnahme wollte Kyaw eine Gebühr erheben, auch dachte er an eine prozentuelle Beteiligung beim Abschluss von Kreditgeschäften und bei erfolgten Versteigerungen.[479]

Schließlich war es dann der Notar und Auktionator Gottlieb Grießbach, dem es gelang, 1721 in Dresden ein Adressbüro zu gründen. Neben den üblichen Vermittlungstätigkeiten
übernahm diese Einrichtung auch Kommissionsgeschäfte und
diente als Verkaufsstätte für die entsprechenden Waren, worunter sich Bücher, Gemälde und Möbel befanden. Weiterhin
lagen in den Räumlichkeiten des Adressbüros gedruckte und
geschriebene Zeitungen zur Lektüre sowie zum Verkauf aus.
Grießbach gab auch einen kurzlebigen, zweimal wöchentlich
erscheinenden handschriftlichen Intelligenzzettel heraus. Sein
Adress Contoir bestand noch 1731.[480]

Da das Grießbachsche Adressbüro seinen handschriftlichen Intelligenzzettel einstellte und danach kein ähnliches Blatt mehr
herausgab, wundert es nicht, dass in Dresden weitere Versuche
unternommen wurden, ein mit einem Adressbüro verbundenes
Intelligenzblatt einzurichten. So reichte Johann Christian Crell
im März 1730 ein Gesuch ein, ein *Frag- und Nachricht-Am[t]*
zu gründen. Crell pries es vor allem als Mittel, *das böse von dem
guten Gesinde zu separiren*: Kein Dienstbote, keine Dienstbo-
tin dürfte mehr eingestellt werden, der oder die sich nicht mit
einem vom Inspektor des Fragamts unterschriebenen *Zettul*
ausweisen und damit ein Zeugnis seines oder ihres Wohlver-
haltens vorlegen könne. Eine ähnliche Kontrollfunktion sollte
das Fragamt bei der Wohnungsvermietung ausüben: Vermieter
dürften demnach nur mehr jene Mieter annehmen, die eine
vom Fragamt besiegelte Bescheinigung vorzeigen könnten;
damit die *ordentl. Einwohner* besser von dem *lose[n] Gesindel*
getrennt würden.[481]
 Crell blieb allerdings erfolglos, denn den Zuschlag für die
Herausgabe eines Dresdner Intelligenzblatts erhielt der Buchhändler Gottlob Christian Hilscher, obwohl er sein Projekt
für einen *Dreßdenischen Wöchentl. Hodosophe oder Anzeiger* erst
ein halbes Jahr nach Crell vorgestellt hatte. Hilscher brauchte kein eigenes Adressbüro zu beantragen, da ihm für diese

Zwecke seine Buchhandlung zur Verfügung stand: Wer ein Vermittlungsgeschäft tätigen wollte, der hätte *sich bey mir in meinem Buchladen anzumelden, da es dann ordentlich registriret und in die Zettel angemerckt, auch auf Begehren der Nahme verschwiegen gehalten* würde.[482] Hilscher akzeptierte für sein ab 1. September 1730 erscheinendes Intelligenzblatt – es sollte zunächst den Titel *Der Königl. Pohln. Churfl. Sächsischen Residentz-Stadt Dreßden Wöchentlicher Anzeiger oder Nachricht* tragen – auch schriftliche Eingaben, wobei er im Falle von Dienststellengesuchen monierte, dass die eingereichten *Zeddel* der arbeitssuchenden Dienstboten oft nicht genügend Informationen enthielten. Explizit verlangte er, das diese *auff einen Zeddel ihren Tauff- und Zunahmen wie alt sie sind, ihren jetzigen Auffenthalt, wer ihre Eltern, ob sie noch am Leben, und wo sie wohnhafft, bey was vor Herrschaften sie und wie lange in Diensten gestandten, ob sie Abschiede erhalten, und was sie vor Profeßion verstehen, ob sie mit Peruquen acommodiren oder Barbieren umgehen können / setzen lassen sollen, dabey denn die so der Schreiberey zugethan, jedesmahl ihre Hand mit Lateinischen und Teutschen Schrifft auch ihres Nahmens Unterschrift zugleich mit abzugeben haben.*[483] Erst als nach dem Tod Hilschers im Jahr 1748 das Intelligenzblatt vom Hoffaktor Siegmund Ehrenfried Richter weitergeführt wurde, etablierte sich ein eigenständiges Adressbüro – ein *Addreß-Comtoir* – zur Abwicklung der Anfragen.[484] In den folgenden Jahrzehnten wurde aus dem *Dresdner Anzeiger*, wie das Blatt ab 1808 heißen sollte, eine vollständige Zeitung. Die Räumlichkeiten des Adressbüros dienten jedoch nicht nur der Abwicklung des Anzeigengeschäfts, sondern auch dem Verkauf von Waren, worunter preußische Stiefelwichse und Räucherkerzchen ebenso fielen wie Zahnpulver, Seife, Punschessenz, Schokolade und Kölnisch Wasser. Zu Anfang des 19. Jahrhunderts war mit dem Adressbüro auch ein Ausstellungsraum für Musikinstrumente sowie ein Lektürekabinett verbunden. Eine zeitgenössische Beschreibung charakterisierte es folgendermaßen:

Was nun schließlich noch die äußere Einrichtung dieser höchsten Orts authorisirten Anstalt betrifft, so ist daselbst in mehrern Zimmern eine immerwährende Ausstellung von Kunstwerken aller Art sowohl von musikalischen und mechanischen Instrumenten, und für jeden gebildeten und rechtlichen Mann liegen daselbst von früh 9 bis Abends 6 Uhr mehr als dreyßig der besten und neuesten französischen und deutschen politischen Zeitungen und Intelligenzblätter sowie gelehrte und Modezeitungen zum unentgeltlichen Durchlesen vorräthig. Musikliebhaber können in einem andern Zimmer die neuesten zum Verkauf vorhandenen Musikalien auf den besten Wiener Instrumenten ohne allen Kostenaufwand versuchen. Außerdem sind auch noch in einem anstoßenden Saale die mehresten in- und ausländischen Journale und Lesebücher aller Art unter den billigsten Bedingungen für Einheimische und Fremde zu erlangen.[485]

Eher unfreiwillig diente das Dresdner Adressbüro auch als Auskunftsstätte für die Vervollständigung von Adressen. So gab es 1809 Klagen über die große Menge an unfrankiert eingesandten Briefen:

Unter der Zahl dieser Briefe finden sich auch solche, wo nicht der Brief selbst, sondern nur das darum geschlagene Couvert uns zugehört, die versiegelte und oft mangelhaft überschriebene Inlage aber (zum Theil ohne einen Buchstaben für uns) an eine andere Person, ja wohl an einen andern Ort gebracht oder weiter versendet werden muß. Wahrscheinlich ist es, daß bei solchen Fällen der Absender des Briefes nicht die genaue Adresse des Empfängers weiß, zu uns aber das gute Zutrauen hat, weil unsere Firma Adreß-Comptoir heißt, wir werden es schon wissen und auch besorgen ... Wir sind gar nicht abgeneigt, Jedem nach Kräften zu dienen, und alle Commissionen, sie mögen Namen haben, wie sie wollen, gegen ein billiges Honorar zu besorgen; nur bitten wir, uns alles franko einzusenden und selbst das Briefträgerlohn nicht zu vergessen, weil es für jedes Individuum wenig, für uns aber in großen Parthien gar viel ausmacht.[486]

Wenn diese Auskunftstätigkeit auch ursprünglich nicht intendiert war, so ist es nur konsequent zu nennen, dass das *Königlich Sächsische Adreß-Comptoir* von 1848 bis 1859 auch den Verlag und Vertrieb des Dresdner Adressbuchs übernahm[487] und der *Dresdner Anzeiger* später noch eine *Bäder- und Reise-Auskunftsstelle* einrichtete, die sich zu einem veritablen Verkehrsbüro entwickelte.[488] Der Begriff des *Adresscomptoir*s für die Geschäftsstelle der Zeitung blieb übrigens bis ins 20. Jahrhundert erhalten und überlebte auch die zu Anfang des Ersten Weltkriegs unternommenen Versuche, ihn in *Anschriften-Amt* einzudeutschen.[489]

Das preußische *Intelligenzwerk*

Die meisten Adressbüros wurden in einer Stadt gegründet und blieben auf sie beschränkt. In Preußen war das etwas anders – ab 1727 entstand hier ein eng mit der Post verknüpftes Netzwerk von Intelligenzbüros, das zuweilen nach Schröders Vorbild als *Intelligentz-Werck* bezeichnet wurde und dessen Einkünfte dem Waisenhaus zugutekamen.[490] Ursprünglich plante man, dass die Postämter Annoncen aus den preußischen Provinzstädten nach Berlin einsenden sollten, doch erkannten die Behörden rasch, dass eine stärkere Regionalisierung nötig war: Noch im Jahr der Gründung des Berliner Intelligenzblatts erschienen erstmals Intelligenzblätter in Stettin, Königsberg, Duisburg, Minden und Magdeburg, zwei Jahre darauf kamen die *Wöchentlichen Hallischen Frag- und Anzeigungs-Nachrichten* heraus.[491] Charakteristisch für die preußischen Intelligenzblätter war der sogenannte »Intelligenzzwang«, der zum einen bedeutete, dass die Blätter über das Anzeigenmonopol verfügten und Inserate für den Verkauf bestimmter Rohstoffe sowie gerichtliche Bekanntmachungen in ihnen abgedruckt werden mussten, zum anderen, dass manche Bevölkerungsgruppen – darunter Beamte, Geistliche, Handwerkszünfte, die jüdische Gemeinde sowie Gastwirte, Weinhändler und Bierschänken – zum Bezug des in ihrer Stadt erscheinenden Intelligenzblatts verpflichtet waren.[492] Im 19. Jahrhundert waren diese Bestimmungen stark umstritten und wurden teilweise gelockert. Das Intelligenzwerk wurde zunehmend als Anachronismus empfunden, sollte jedoch bis 1849 bestehen bleiben, als an seine Stelle die Amtsblätter der jeweiligen Regierungen traten.[493] Was nun Berlin anbelangt, so waren die Geschäfte des seit 1689/90 bestehenden Adresshauses durch die Aktivitäten des neuen Adressbüros nicht berührt, da Ersteres schon länger keine Warenvermittlung mehr betrieb, sondern nur die Tätigkeiten einer Pfandleihe ausübte. Es gibt keine Belege dafür, dass die Betreiber des Adresshauses sich über eine etwaige Konkurrenz durch das Intelligenzblatt beschwert hätten, sowie es auch kaum Belege für eine Kooperation der beiden Einrichtungen gibt, einmal davon abgesehen, dass die im Adresshaus abgehaltenen Auktionen durch das Intelligenzblatt angekündigt wurden.[494] Sehr wohl aber scheint es eine Kooperation mit den traditionellen Mittlern gegeben zu haben, zumindest findet sich in den Anfangsjahren des Intelligenzblatts eine Annonce des *geschworne[n] Gesinde-Mäckler[s]* Johann George Wiggerdt, der versprach, Herrschaften, die Bediente suchten, *wohl [zu] accomodiren.*[495] Ansonsten wurde die Arbeitsvermittlung auch ohne Umweg über die Gesindezubringer betrieben, und es kam vor, dass im Adressbüro Bewerbungsunterlagen zur Einsicht für potenzielle Arbeitgeber aufbewahrt wurden: Als man das Stellengesuch einer in Zeichen-, Schreib- und Rechenkunst ausgebildeten Person abdruckte, war in dem Inserat eigens vermerkt, dass *man Modelle von ihrer Arbeit und SchreibArt auf Verlangen beym Königl. Address-Comptoir vorweisen [könne], als woselbst diese Person zu erfragen.*[496] Somit blieb die Vermittlungstätigkeit des Berliner Adressbüros nicht auf das Intelligenzblatt beschränkt, sondern es stellte vor Ort Informationen zur Verfügung, die mittels des gedruckten Mediums nicht leicht mitgeteilt werden konnten. Ähnliches geschah im Falle der Verkaufsvermittlung: Manche der im Intelligenzblatt angebotenen Waren konnten im

Adressbüro begutachtet werden.[497] Weiter fungierte das Adress-büro als Vorform einer polizeilichen Meldestelle: Im Anschluss an eine im Intelligenzblatt veröffentlichte Personensuchanzeige wurden die Leser aufgefordert, etwaige Nachrichten über die entwichene Person *bey dem Königl. Address-Comptoir zu Berlin entweder schrifftlich oder mündlich zu melden*.[498]

Berichthäuser in Basel und Zürich

In der Schweiz wurden Adressbüros auch als *Berichthäuser* be-zeichnet. Die Gründungswelle setzte hier Ende 1728 ein, als der Basler Johann Burckhardt die Bewilligung erhielt, in seiner Stadt *ein Berichthaus oder Adresse-Comtoir* zu gründen, *worin man sich vermittelst eines gedruckten Wochenblattes wegen Kaufen und Verkaufen, Mieten, Kostnehmen und -geben, Diensten und anderem erkundigen* konnte.[499] Die erste Ausgabe des *Avis-Blatt* genannten, zunächst jeden Dienstag, ab 1742 jeden Mitt-woch erscheinenden Intelligenzblatts kam Anfang 1729 heraus, 1844/45 entstand daraus eine politische Zeitung mit Inseraten-teil, die *Basler Nachrichten*.[500] Die im Avis-Blatt abgedruckten Annoncen dienten der Verkaufs- und Arbeitsvermittlung, dem Vermieten von Immobilien sowie der Anzeige verlorener und gefundener Gegenstände.[501] Innerhalb der jeweiligen Rubriken waren diese Anzeigen fortlaufend nummeriert, wurden sie wie-derholt, bekamen sie allerdings nicht mehr dieselbe Nummer. Auskünfte darüber konnten bei Burckhardt täglich eingeholt werden, er war *die ganze Wochen hindurch parat, die eingehende Puncten abzunehmen und verlangende Avisen und Berichte zu ge-ben* und bat nur darum, am Sonntag davon *dispensir[t]* zu wer-den.[502] Als Spezifikum dieses Basler Adressbüros ist zu beobachten, dass es sich ähnlich wie manche seiner Pariser Vorgänger mit der Zeit zu einem regelrechten Kaufmannsladen entwickelte: Die Waren wurden nicht nur durch die Verkaufsanzeigen des

Intelligenzblatts vermittelt, sondern darüber hinaus kommissionsweise in den Räumlichkeiten des Adressbüros ausgelegt. Später betrieb Burckhardt dort auch den Verkauf auf eigene Rechnung. Er handelte mit gebrauchten Gegenständen wie Kleidern und Hausrat, veräußerte aber auch: *Spiegel, schöne Gemälde, bibl. Historien, güldene und silberne Sackuhren, Büffet-Uhren, Schuhschnallen, Hemder und Knöpfchen, allerhand geschmelzte Blättlin in Tabakbüchsen, auf Kettenen, Lädlein, Stecken, Knöpfflein; Bücher, Zahnpulver, Staats- und Wappen-Kalender, Postpapier, Salben, Weine, Pfeffer, Tinte, dürre Trüffeln, Geraudlische Pillen, Zahnspiritus, Augenbalsam, Poudre cephalique, Kleider, Geldstöcke, Gewichtsätze, sogar Chaisen.*[503]

Wenig verwunderlich ist, dass sich die Basler Kaufmannschaft wiederholt über die Geschäfte Burckhardts und seines Nachfolgers Peter Raillard beschwerte. Schließlich erwirkte sie 1758 einen Beschluss, der dem Adressbüro verbot, fremde Kaufmannswaren außerhalb der Mess- und Fronfastenmärkte im *Avis-Blatt* zum Verkauf anzuzeigen; auch durften derlei Waren nicht mehr in Kommission verkauft werden.[504]

Ein Jahr nach dem Start des Basler Adressbüros eröffnete der Buchbinder und Buchhändler Hans Jacob Lindinner ein *Berichthaus* in Zürich. Dieses gab ab Februar 1730 die *Donnstags-Nachrichten von Zürich* heraus, die ähnlich wie das Basler *Avis-Blatt* gestaltet waren.[505] In der ersten Ausgabe ging Lindinner kurz auf die in seinem Büro praktizierte Registerführung ein: Demnach würde dort über *publicirende Sachen (...) eine fleissige Buchhaltung gehalten* werden; *alle Puncten* [d.h. Anzeigen, AT] würden *in die Ordnung / wie sie in den Druck kommen / und mit gleichen Numeren genau eingetragen / und über alles jedermann / dem ein mehrers zuwissen nöthig ist / im Addresse-Contoir guter Bescheid gegeben* werden.[506]

Was die Einbringung der Anzeigen betrifft, so war Lindinner in Ausnahmefällen bereit, dafür *zu allen Zeiten Audientz [zu] geben*, er bevorzugte es aber, wenn sie jeweils am Montag stattfand;[507] diesen Tag, *an welchem man die Nachrichten ein-samlet*, bezeichnete er auch als *Verhörtag*.[508] Eigens ersuchte er darum, die Annoncen schriftlich, mit Angabe des Namens der betreffenden Person einzusenden und nicht etwa *mündlich durch einen Bedienten oder eine Magd* bekannt zu geben;[509] in letzterem Falle war es wohl wiederholt zu Missverständnissen gekommen. Auch waren Einsendungen von außerhalb Zürichs mittels Brief – sofern er denn frankiert war – willkommen. Lindinner versicherte den Kunden des Berichthauses Diskretion: *[I]n Ansehung derer Umständen / welche man nicht gern jedem entdecket,* würde *vertraut[e] Verschwiegenheit* eingehalten werden.[510] Der Tarif für die Einschreibung war zunächst noch nicht genau festgelegt – Lindinner erwartete nur eine nicht näher spezifizierte *kleine Vergeltung*[511] –, erst später betrug die Gebühr je nach Wert des zum Verkauf angebotenen Gegenstands zwischen zwei und vier Schilling, eine Summe, die Alfred Cattani, der Chronist des Berichthauses, als eher bescheiden einstuft. Fundanzeigen wurden selbstverständlich kostenlos eingerückt,[512] und Lindinner behauptete auch, Armen die Anzeigengebühren zu erlassen.[513]

Wiederholungen von Anzeigen sollten vermieden werden,[514] kamen jedoch vor und wurden auf folgende Weise gerechtfertigt: *18. Weilen der in Num. IX. angetragene Scharlache Rock und Hosen / samt sauberem schwartzen Mannen-Kleid / wegen Abwesenheit des Verkäuffers denen Liebhabern nicht gezeigt werden können / so trägt man diese Stücke dißmahl wiederum an.*[515]

Beschwerden gegen die neue Einrichtung kamen von Handwerkern, die sich in ihrem Recht, Waren zu verkaufen, eingeschränkt fühlten und die in den *Donnstags-Nachrichten* veröffentlichten Anzeigen als Konkurrenz wahrnahmen. Ihnen gegenüber beteuerte Lindinner eigens, dass er mit seinem Blatt niemandem Schaden zufügen wolle, insbesondere nicht den Handwerkern. Die Verkaufsanzeigen würden nur solche Sachen anbieten, zu deren Verkauf die Besitzer berechtigt wären, und da dies öffentlich geschehe, könnte über jede Anzeige genaue Rechenschaft gegeben werden.[516] Die zur Vermittlung angebotenen Waren wurden auch im Berichthaus zur Schau gestellt. Anfang 1733 erweiterte man dessen Räumlichkeiten für derlei Zwecke, was Lindinner nochmals zum Anlass nahm, zu betonen, dass er den Handwerkern nicht schaden wollte. Insbesondere stellte er fest, dass er nicht gedachte, auf eigene Kosten neue Waren in Handelsstädten anzukaufen und mittels des Intelligenzblatts zum Verkauf anzubieten.[517] Das Berichthaus diente auch der Suche nach abgängigen Personen, bei der es mit den Berichthäusern von Basel, Bern, St. Gallen und Schaffhausen kooperierte.[518]

Bereits fünf Jahre nach Gründung des Berichthauses sollte Hans Jacob Lindinner seine Tätigkeit beenden. Übernommen wurde es von einer Sozietät, die aus seinen Brüdern Joseph und Johannes sowie dem Pfarrer Johann Rudolf Ziegler bestand. Ab 1753 verfügte das Berichthaus über eine eigene Druckerei, um die *Donnstags-Nachrichten* zu drucken. Aus ihnen sollte 1837 das *Tagblatt der Stadt Zürich* hervorgehen. Der Name *Berichthaus* wiederum wurde ab 1895 für die Druckerei verwendet, die bis 2004 bestand.[519]

Schluss

Anfrage- und Auskunftscomptoire des 19. Jahrhunderts

Das um 1800 zu beobachtende, langsame Aufgehen der Adress-comptoirs, Fragämter und Intelligenzbüros in den Redaktionen der von ihnen herausgegebenen Intelligenzblätter beziehungs-weise Zeitungen – vielleicht vergleichbar mit der heute aktu-ellen Übernahme von Tageszeitungen durch ihre Onlineaus-gaben[520] – bedeutete nicht das völlige Ende der Adressbüros. Offensichtlich gab es weiter Bedarf nach einem physischen Ort, an den sich Interessierte wenden konnten, um Informationen zu erfragen.

Als Beispiel für ein neugeschaffenes Adressbüro sei das *An-frage- und Adreß-Bureau* des Israel Saul[521] genannt, das er am 18. August 1827 den Bewohnerinnen und Bewohnern von Bres-lau und Schlesien bekannt machte. Blumige Worte waren es, die er in seiner Einleitung verwendete: Das neue Institut sollte im Sinne des Trachtens der städtischen Behörden dazu beitragen, *Breslau zu verschönern, die Bequemlichkeit seiner Bewohner, und die diesen Platz besuchenden hohen Fremden und Handels-Personen zu vermehren,* sowie *überall Ordnung und Annehmlichkeit dem Nützlichen beizugesellen.*

Untergebracht war das Institut an prominenter Stelle, im al-ten Rathaus am Markt Nr. 30; geöffnet war es in den Winter-monaten von 8 Uhr morgens bis 6 Uhr abends, in den Sommer-monaten – April bis September – von 7 Uhr morgens bis 7 Uhr abends. Anfragen und Aufträge konnten jedoch nicht nur per-sönlich, sondern auch per Post eingebracht werden. Als Direk-tor des Adressbüros hatte Saul den ehemaligen Regierungsrat

George Leopold Baron von Reißwitz gewinnen können, der auf den genauen und ordentlichen Geschäftsgang schauen und die schriftlichen Angelegenheiten betreiben sollte. Unterstützung zugesagt hatten auch die Notare und Justizkommissionäre Schulze und Kletschke. Weitere Mitarbeiter listete Saul nicht namentlich auf, sicherte aber zu, dass er bei deren Auswahl *möglichst vorsichtig* sein wollte.[522]

In einer zwei Jahre später gedruckten Bekanntmachung des Adressbüros betonte Saul, dass die Anstalt mit dem In- und Ausland in Verbindung stünde und dank ihrer mehrjährigen Erfahrung die einkommenden Aufträge schnell ausführen könnte; Saul garantierte eine *eben so pünktlich[e], redlich[e] als verschwiegen[e] Bedienung*.[523]

Es waren vielerlei Gegenstände, über die das Adressbüro solche *pünktlichste Auskunft* zu erteilen bereit war: Gleich als Erstes wurde das Zugänglichmachen von Informationen genannt, die üblicherweise in Adressbüchern und statistischen Handbüchern zu finden waren, nämlich die Orte der in Breslau befindlichen Behörden, Geschäftsmänner und Gewerbetreibenden, wie überhaupt Angaben zu den Wohnungen von Privatpersonen. Um dies zu erleichtern, kündigte Saul die Publikation eines eigenen Wohnungsanzeigers für Stadt und Kreis Breslau an, zum Preis von 25 Silbergroschen; die durch die halbjährlichen Umzüge sich ergebenden Änderungen sollten in einer besonderen Anzeige veröffentlicht werden. Weiter sollten Informationen über öffentliche Institute und tägliche Vergnügungen zu erlangen sein, genauso wie Angaben zu den in Breslau abgehaltenen Märkten, zu Börsenkursen und Getreidepreisen. Die angekommenen Fremden sollten samt ihren Unterkünften sowie Reiseverbindungen nachgewiesen werden; wer Schnellboote oder sonstige Reisegelegenheiten bestellen wollte, konnte ebenfalls bedient werden. Alle möglichen Geschäfte sollten vermittelt werden, namentlich Immobilienkauf und -verkauf sowie -vermietung, Warenverkäufe auf Kommission oder Versteigerung, überhaupt *[a]lle Geschäfte im In- und Auslande für Personen, de-*

nen es zur Betreibung derselben an persönlicher Bekanntschaft fehlt.
Angeboten wurde zudem Arbeitsvermittlung, vorwiegend für
Herrschaftsbediente, darunter explizit auch Frauen wie *Gouver-
nanten und Lehrerinnen.* Aktive Personensuche zählte ebenfalls
zu den Tätigkeitsbereichen des Büros, nämlich *die Ausmittelung
der hier und in der Nachbarschaft domicilirenden Personen, an welche Briefe abzugeben, oder Aufträge auszurichten sind.* Schließlich
wurden Schreibarbeiten angeboten, für *Aufsätze aller Art, Briefe
und Rechnungen sowohl in deutscher, wie auch in fremder Sprache,*
ebenso wie für Abschriften und Übersetzungen; auch bot das
Büro seine Dienste Kaufleuten an, die ihre Bücher und Rechnungen à jour bringen lassen wollten.[524]

Die Ankündigung wurde nicht nur mittels Zeitungsannonce –
namentlich in der Schlesischen Zeitung[525] – bekannt gemacht,
sondern auch durch ein mehrere Monate an den Straßenecken
angebrachtes, in Unzialschrift gedrucktes Plakat im Großfolio-
Format.[526]

Das Saulsche Adressbüro scheint zumindest einige Jahre
lang – auch nach dem Tod des Direktors Reißwitz am 27.Juni
1828[527] – bestanden zu haben. Beleg dafür ist die wütende Beschwerde eines Konkurrenten von Saul, des in der Katharinen-
straße 2 wohnenden Privatgelehrten Bauer, der 1829 mit behörd-
licher Genehmigung ein *Bureau zur Anfertigung schriftlicher
Aufsätze* eröffnet hatte, mit der Absicht, *dem herrschenden Unfuge
der Winkelschreiber zu begegnen.* Bauer fühlte sich vom Breslauer
Polizeipräsidium in der Ausübung seiner Geschäfte behindert,
weil ihm im Gegensatz zu Saul nicht bewilligt wurde, sein Institut per öffentlich aushängenden Plakaten bekannt zu machen.
Vor allem aber warf er Saul vor, nun auch Schreibarbeiten in
außergerichtlichen und sogar in gerichtlichen Angelegenheiten
zu übernehmen, wozu er gar nicht berechtigt sei, da er – im
Gegensatz zu ihm, Bauer – nicht geprüft sei und es ihm daher an Qualifikation mangle. Bauer verband seinen Angriff auf
Saul mit antisemitischem Ressentiment, er behauptete, dass der
mit *Mäkeleien aller Art* Beschäftigte *nichts umsonst thu[n würde]*

und, da er als jüdischer Staatsbürger nicht zur Bekleidung eines Staatsamts berechtigt sei, *nur seiner intellektuellen Unfähigkeit wegen (...) zum fabrikmässigen Betriebe eines solchen Geschäfts geeignet* wäre. Das Argument, dass die im Ankündigungstext des Adressbüros genannten Justizkommissäre Kletschke und Schulze die Schreibarbeiten übernehmen würden, ließ Bauer nicht gelten: Diese hätten sich nur aufgrund der Bitte des ehemaligen, mittlerweile verstorbenen Adressbürodirigenten Baron von Reißwitz dazu bereit erklärt, während nun nach dem Tod des Letzteren die Verhältnisse völlig anders lägen; außerdem bräuchte, wer am *hiesigen kleinen Orte* die Dienste eines Justizkommissars in Anspruch nehmen wollte, keine *Dazwischenkunft des Adreßkomtoirs*. Bauer vermutete auch, dass die entsprechenden Schriftsätze nicht von den beiden Justizkommissären, sondern durch *gewisse*, von Saul beschäftigte, unqualifizierte *Individuen* und daher *fabrikmässig* angefertigt würden, und suchte darum an, dass dem *Anfrage- und Adreß-Bureau* untersagt würde, schriftliche Angelegenheiten zu bearbeiten.[528]

Die preußischen Behörden konnten Bauers Argumentation nicht folgen. Sauls gewiss etwas marktschreierisch angekündigtes Anfrage- und Adressbüro habe angefangen, *gute Geschäfte zu machen*, was Bauers *Eifersucht* geweckt habe. Wenn auch oberflächlich betrachtet die Beschwerde des Letzteren berechtigt erscheine, so sei dies näher betrachtet nicht der Fall. Saul würde nie die schriftlichen Arbeiten selbst anfertigen – dazu würde ihm jede Fähigkeit fehlen –, sondern er sei ein reiner Mittelsmann zu den Justizkommissären Schulze und Kletschke, was aus polizeilicher Sicht nicht anstößig sei. Außerdem habe Sauls Büro niemals das Publikum verärgert noch – im Gegensatz zu Bauer – die Behörde belästigt; Bauers Ansuchen sei daher abzuweisen. Der Letztere hatte aber mittlerweile Breslau verlassen, seinen neuen Aufenthaltsort kannte die Behörde nicht.[529]

Die Probleme, mit denen die Saulsche Einrichtung zu kämpfen hatte, glichen denen ihrer Vorgängerinstitutionen. Im Bereich der Wohnungsvermittlung zählte dazu die Aktualisierung der erfassten Daten: Wie konnte man die Angaben über die noch zur Vermietung bestimmten Immobilien aktuell halten, wenn sich doch die Vermieter nach erfolgreichem Geschäftsabschluss nicht mehr beim Büro meldeten? Wie war zu verhindern, dass Wohnungssuchende auf der Grundlage der Protokolleinträge zu Wohnungen geschickt wurden, die längst vermietet waren? Saul versuchte das Problem ab dem Jahresanfang 1830 dergestalt zu lösen, dass Einträge in das Protokollbuch der zu vermietenden Immobilien nunmehr mit einem dreimonatigen Ablaufdatum versehen wurden, das bei Bedarf durch die Einbringer verlängert werden konnte.[530]

Adressbüros wie dasjenige von Saul wurden in den Jahrzehnten nach 1800 in mehreren großen Städten eröffnet: In München kündigte man im Dezember 1825 ein *Anfrag- und Addreß-Bureau* an; es wurde von den Herren Bernhardt, Lieberich, F. Hänlein und Kitzinger – allesamt honorige Beamte – betrieben und war in der Residenz-Schwabingerstraße 48 zu ebener Erde situiert. Die Dienstleistungen des Instituts richteten sich an Einheimische und Fremde und umfassten die Erteilung von Auskünften über die Adressen von Behörden und sonstige öffentliche Einrichtungen, Botschaften, Beamte, Ärzte, Sehenswürdigkeiten und Handlungshäuser genauso wie Arbeitsvermittlung, Geld- und Wohnungsvermittlung sowie Schreibarbeiten.[531] Anfang 1826 eröffnete das Büro; über seine Angebote und Gebühren informierte eine eigens aufgelegte, für zwölf Kreuzer verkaufte Broschüre.[532] Schon bald wurde dem Büro Erfolg attestiert, wenn auch mit dem Bedauern, dass ihm noch *einige alte festgewurzelte Mißbräuche und Vorurtheile* entgegenstünden und manche Dienstmägde sich lieber von alten Maklerinnen für einen ganzen Taler vermitteln lassen würden, als für ein paar Groschen die Dienste des Büros in Anspruch zu nehmen.[533]

In Wien wiederum gründeten 1819 Baron Karl von Steinau und Joseph Jüttner ein umfassendes *Anfrage- und Auskunftscomptoir*, das auch das zu diesem Zeitpunkt schon verschwundene Fragamt kompensierte. Diese Einrichtung bot ihre Dienste – unter anderem Wohnungs- und Arbeitsvermittlung sowie Fremdenverkehrsinformation avant la lettre – mit dem Argument an, dass die bislang dafür herangezogenen Lohndiener unzuverlässig seien.[534] In einem Reiseführer aus dem Jahr 1822 wurde sie folgendermaßen beschrieben:

Diese Anstalt ist auf dem Kohlmarkte Nro. 281 im ersten Stock. Die Unternehmer derselben geben, gegen das mäßige Honorar von 20. kr. bis zu 1 fl. Auskunft über hier sich aufhaltende In- und Ausländer, über Doctoren der Medicin und der Rechte, über Beamte, Gelehrte, Künstler tc., über das Locale und die Einrichtung öffentlicher Institute; über Behörden und Staatsbeamte; über alle Arten von Compagnie-Geschäften; über Darlehen auf Hypotheken und Waaren; über vorhandene Natur- und Kunstproducte für Käufer und Verkäufer; über Reisegelegenheiten; über Dienstgeber und Dienstsucher; über Käufe und Pachtungen von Häusern, Realitäten tc., über Wohnungen, Magazine, Stallungen, Fabriken tc., kurz, über alle bürgerliche und gesellschaftliche Geschäfte und Verhältnisse, welche zu wissen erlaubt ist. – Das Comptoir ist an allen Wochentagen von 9 bis 12 Uhr Vormittags, und von 3 bis 6 Uhr Nachmittags offen. Auch kann man sich aus den Provinzen in frankirten Briefen um die betreffenden Notizen an dasselbe wenden.[535]

Das *Anfrage- und Auskunftscomptoir* bestand über mehrere Jahre und erregte einiges Aufsehen. Dass es erfolgreich war, lässt sich auch aus der folgenden, im *Eipeldauer* 1820 erschienenen Satire schließen:

Von dem in Wien seit einiger Zeit, mit sehr vielem Glück bestehenden Auskunfts-Comptoir weiß ich auch ein Paar Anekdoten. Da ist nämlich die Tag ein ungarischer Heubauer hinkommen und hat g'sagt: ›Meine Herren, möchte ich gern wissen, ob mein junges Weibel, während ich in Wien bin und mein Heu verkauf, mir in Ungerland treu ist! Gehen's seyn's so gut und schlagen's einmal nach.‹ Wieder ein anderer ist kommen, der gern hat wissen wollen, ob sein reicher Vetter in Günz heuer noch stirbt, und ihn zum Erben einsetzt. O mein Herr Vetter, wann die Herren in dem Comptoir lauter solche Sachen auffinden könnten, sie müßten noch mehr zu thun bekommen. Ich z. B. ließ mir aufschlagen, ob das Publikum mit mir recht lang zufrieden seyn, und ob der Eipeldauer immer mehr und mehr Leser bekommen wird.[536]

Hier wurde unterstellt, das Comptoir könne auch Zukünftiges vorhersagen; wie so häufig gab ein neues Medium den Anstoß, Utopien des Allwissens zu generieren. In der Folge entstanden in Wien eine ganze Reihe solcher Einrichtungen, die sich manchmal auf bestimmte Vermittlungsdienste spezialisierten. Von 1841 stammt das Beispiel des *Auskunfts-Protokoll für dienstlose Amtsindividuen des Herrn. Jos. Frank, am Bauernmarkt Nr. 589, und das Auskunfts-Bureau für musikalische Angelegenheiten jeder Art in Wien von Franz Glöggl, Kohlmarkt Nr. 260*.[537] Im Gegensatz zu den Adressbüros des 18. Jahrhunderts gaben diese Vermittlungsbüros beziehungsweise Geschäftskanzleien allerdings keine Zeitungen oder Anzeigenblätter mehr heraus, sondern kooperierten mit bestehenden Blättern; so veröffentlichte das *Anfrage- und Auskunftscomptoir* seine Annoncen in der *Wiener Zeitung*.[538]

Gemeinsam war den Büros auch, dass sie zumeist nicht den besten Ruf gehabt zu haben scheinen, was aus Grillparzers 1848 erstmals veröffentlichter Novelle *Der arme Spielmann* hervorgeht. Darin berichtet der vom Erzähler aufgesuchte Spielmann, wie er vom Sekretär seines verstorbenen Vaters betrogen wurde: Der Sekretär hatte ihm *den Plan zur Errichtung eines Auskunfts-, Kopier- und Übersetzungs-Comptoirs* vorgeschlagen und für dessen Verwirklichung 3000 Gulden bekommen; auch Musikalien sollten dort kopiert werden. Die vom Spielmann angebetete Barbara hält jedoch nichts von dem Plan: *Auskunft einziehen kann ein Jeder selbst und schreiben hat auch ein Jeder gelernt in der Schule.*[539] Es kommt, wie es kommen muss: Aus Zeitungen erfahren die Protagonisten, dass der Sekretär geflüchtet ist und eine Menge Schulden hinterlassen hat. – Aus den einstmals mit so hehren Absichten gegründeten Adressbüros waren im 19. Jahrhundert scheel beäugte, schlecht beleumundete Anstalten geworden, denen man betrügerische Geschäfte nachsagte.

Conclusio

Ein Büro ist nach Hartmut Böhme »ein formal abgegrenzter Raum mit einer informationsverarbeitenden Binnenstruktur, die In/Output-Beziehungen regularisiert«. Die in ihm geleistete Arbeit ist unanschaulich, allenfalls sind materielle »Träger der Zeichenprozesse«[540] wie Aktenschränke, Schreibtische, Computer vorhanden, die auf diese Arbeit hinweisen. Im Falle der frühneuzeitlichen Adressbüros sind derlei materielle Träger, worunter Protokollbücher oder den Kunden ausgehändigte Protokollauszüge fallen würden, überhaupt nicht erhalten, während die überlieferten Texte es nur selten zulassen, die Prozesse des Speicherns, Übertragens und Verarbeitens von Information – laut Friedrich Kittler die Basisfunktionen von Medien[541] – nachzuvollziehen. Die Erforschung der Adressbüros wird durch die Spärlichkeit der Überlieferung erschwert, wobei Letztere zum Teil darin begründet liegt, dass Adressbüros zwar oft mit einem Privileg versehen waren, in der Regel aber privat geführt wurden und es sich somit bei ihnen nicht um staatliche Einrichtungen handelte, deren Schriften in den Bestand der jeweiligen Archive eingegangen wären. Dies gilt auch für die habsburgischen Adressbüros, deren Entstehungsgeschichte als Anhängsel zu den jeweiligen Versatzämtern zwar im staatlichen Dunstkreis angesiedelt ist, die sich dann aber trotz ihrer offiziellen Bezeichnung – Frag- und Kundschafts*amt* – zunehmend zu privaten, wenn auch privilegierten Einrichtungen entwickelten.

Eine detailreiche Beschreibung der Vorgänge in diesen Institutionen, wie sie etwa Bruno Latour und seine Forschergruppe mittels der Akteur-Netzwerktheorie einfordern[542] und im Falle der besser dokumentierten Arbeit von Wissenschaftlern auch mehrfach geliefert haben,[543] wird somit mangels Material fast unmöglich gemacht, weswegen manche der naheliegenden Fragen nur in Umrissen und nur vorläufig beantwortet werden können.

Dies gilt bereits für die Frage, wie denn der Begriff »Adresse« im *Bureau d'adresse*, im *Office of Address*, im *Adress-Hauß*, im *Adresscomptoir* zu deuten sei: Der Pressehistoriker Eugène Hatin vertrat die Ansicht, dass der Begriff im Sinne von »sich wenden an« gemeint sei und es eben nicht Adressenbüro (*Bureau d'adresses*), sondern Adressbüro (*Bureau d'adresse*) heiße. Es handle sich dabei um ein Büro, »an dass man sich wenden und einander treffen kann und wo man die Gegenstände antreffen kann, die man braucht«.[544] Adressen im Sinne der modernen Bedeutung als Wohnort einer Person, die ein Anliegen im *Bureau d'adresse* deponierte, kommen demnach darin nicht vor.

Es lassen sich jedoch in Renaudots Schriften sehr wohl Wendungen finden, die anderes nahelegen oder zumindest auf eine Verschmelzung der beiden Begriffsbedeutungen hinweisen, am deutlichsten vielleicht in einer Äußerung von 1641, der zufolge es sich bei seiner Einrichtung um »ein Büro [handle], das nichts liefern darf als Adressen«.[545] Bereits im *Inventaire* von 1631 heißt es: »Eine der größten Unbequemlichkeiten dieser Untertanen, die mehrere an den Bettelstab bringt, ist das Fehlen eines Hinweises auf einen Ort und auf notwendige Sachen zum Lebensunterhalt«,[546] oder: »Es ist schwierig, die Angelegenheiten, von denen man in unserem Büro eine Adresse finden kann, auf eine bestimmte Anzahl zu reduzieren.«[547] Weiter: »Die armen Handwerker und anderen zierlichen kranken Leute (...) finden hier die Adresse von Ärzten, Chirurgen und Apothekern, die zweifelsohne nicht anderen die Ehre überlassen wollen, diese ihnen zugewiesenen armen Leute gratis zu beraten, zu behandeln und

Heilmittel vorzubereiten.«[548] Und schließlich lautet der Anfang des Titels des zitierten Dokuments *Inventaire des addresses du Bureau de Rencontre*. Demnach wurde der Begriff der Adresse nicht nur im Sinne des Aufsuchens eines Ortes, des *sich Wendens an* den Ort des Büros gebraucht, sondern auch im Sinne des Hinweises auf jenen Ort, wo den Suchenden ihre Wünsche erfüllt werden.

Die Ambivalenz in der Bedeutung des Begriffs Adresse wird sich auch bei späteren Gründungen des *Bureau d'adresse* zeigen: So erklärte die Eröffnungsbroschüre des 1703 von Jean Amilien eingerichteten *Bureau d'Adresse & de Rencontre* seinen Namen auf folgende Art und Weise: *[D]iesem* [dem Bureau, AT] *wurde sein Name nur gegeben, weil alle sich immer an es wenden können, jeder kann dort antreffen, was er vergeblich woanders sucht.* Doch gleich zwei Seiten weiter wurde der Begriff der Adresse im Sinne des Hinweises auf den Ort verwendet, wo die gesuchte Ware oder Dienstleistung zu finden wäre: *Wenn man in seinem* avis [der Beschreibung der zu vermittelnden Ware/Dienstleistung, AT] *weder seinen Namen noch seine Adresse bekannt geben möchte, kann man* memoires *einreichen, in denen diese gar nicht gekennzeichnet sind und das kleine Buch* [= das Anzeigenblatt, AT] *wird ankündigen, dass die Adresse im Bureau ist.*[549] Und tatsächlich findet sich in vielen Anzeigen der von Amiliens *Bureau d'adresse* herausgegebenen *Liste des avis* am Schluss der Vermerk *Adresse im Büro* (*Adresse au Bureau* beziehungsweise *Adr. au Bur.*).[550]

Vielleicht liegt diese Ambivalenz auch in dem Umstand begründet, dass Adressbüros in genau jener Epoche entstanden, in der sich – folgt man Bernhard Siegert – ein neuzeitlich-europäisches Konzept des Ortes durchsetzt, in dem Adressen und Daten nicht mehr zusammenfallen, sondern voneinander getrennt sind: »Daten brauchen Adressen – jedenfalls seitdem die Adressen aus den Daten ausgewandert sind, das heißt seit das Imperium aufgehört hat, ein Personenverbandstaat zu sein.«[551] Die Adressbüros wären demnach der Ort, der die Daten – etwa zu verkaufende Gegenstände, zu vermietende Immobilien, zu verleihendes Kapital – von den Wohnadressen der Besitzer, potenziellen Vermieter und Geldgeber lösen soll, indem er sie in die Register der Büros transferiert. Dieser Trennungsprozess funktioniert nicht immer reibungslos, worauf der genannte Umstand deutet, dass wiederholt die zu vermittelnden Gegenstände selbst es sind, die in den Räumlichkeiten der Büros zum Verkauf angeboten werden, das dadurch oft einer Gemischtwarenhandlung gleicht. Diese von Renaudot vorgenommene Vermischung zwischen den Bereichen Adresse/Hinweis und Handel/Verkauf – von Gilles Feyel als »modèle Renaudot« bezeichnet – schadete den Adressbüros, da es sie zu Konkurrenten der traditionellen Händler machte und deren Argwohn hervorrief. Die Entfaltung der Anzeigenpresse wurde dadurch beispielsweise in Frankreich bis Mitte des 18. Jahrhunderts behindert.[552]

Ist es legitim, die frühneuzeitlichen Adressbüros als Teil einer Vorgeschichte heutiger Internet-Suchmaschinen zu verstehen, als »analoge«, gar als erste »Suchmaschinen«? Meiner Ansicht nach sehr wohl, und ganz bewusst arbeitet eine solche Annahme mit einem »kontrollierten Anachronismus«,[553] der versucht, aus der Reibung, die aus der Unzeitgemäßheit eines Begriffs – der Suchmaschine – in einer bestimmten Epoche – in diesem Fall der Frühen Neuzeit – resultiert, Erkenntnis zu gewinnen.[554] Tatsächlich hat sich die geschichtswissenschaftliche Forschung der letzten Jahre wiederholt durch Fragen und Problemlagen anregen lassen, die sich mit dem Anbruch des digitalen Zeitalters ergeben haben. Gerade frühneuzeitliche Informationstechniken werden des Öfteren als dessen Vorboten betrachtet, sei es, wenn Techniken, die innerhalb von Büchern das Auffinden von Information erleichtern, als »Early Modern Search Engine« bezeichnet werden,[555] Buchregister »als Suchmaschinen der frühneuzeitlichen Wissensapparate« firmieren,[556] die Geschichte von Karteikarten bzw. Dienern als Vorgeschichte des Computers behandelt werden[557] oder das europäische Postsystem der Frühen Neuzeit pointiert »das erste Internet« genannt wird.[558]

Besonders evident wird die Analogie von modernen Suchmaschinen und Adressbüros, wenn man der Frage nachgeht, was in beiden Einrichtungen mit den von ihnen gesammelten und verwalteten Daten geschieht, welche Konflikte um deren Inanspruchnahme entstanden und entstehen: Die von Adressbüros betriebene Vermittlungstätigkeit oszillierte zwischen zwei Polen, die als *privacy* und Kontrolle bezeichnet werden können. Zum einen sollten Adressbüros die registrierten Anliegen möglichst diskret behandeln, zum anderen weckten die gespeicherten Daten schon bald Begehrlichkeiten bei der Obrigkeit.

Dies gilt bereits für das *Bureau d'adresse* des Théophraste Renaudot, der zunächst beteuert hatte, Namen und Wohnorte der Klienten nur denen bekannt zu geben, die sich ernsthaft am Abschluss eines Geschäfts interessiert zeigten; die Geheimhaltung des Registers würde strikt beobachtet; im zeitweilig erscheinenden Anzeigenblatt des *Bureau d'adresse* las man die Angebote ohne Namen und Aufenthaltsort der einreichenden Personen. Diese Rücksichtnahme auf das, was – wiederum anachronistisch – als Datenschutz bezeichnet werden könnte, zeigte sich auch darin, dass Renaudot später plante, diese Register in zwei Versionen zu führen: Im geheimen Register würden die Namen und Wohnorte der Klienten samt ihres Angebots oder Begehrens eingetragen, im öffentlichen Register wäre der Eintrag ohne Namen und Wohnort des Einbringers anzuführen. Derlei Vorsichtsmaßnahmen verhinderten nicht, dass es dennoch immer wieder Vorwürfe wegen mangelnder Diskretion gab, wie 1676 im Falle des kurzlebigen *Bureau d'adresse* des Dichters François Colletet, dem unterstellt wurde, das Vermögen seiner Kunden zu enthüllen.

Die von den Adressbüros praktizierten Registrierungstechniken vermittelten zuweilen die utopische Vorstellung, dass die Büros zur Kontrolle der Gesellschaft beitragen könnten: Immer wieder gab es Versuche, Adressbüros als eine Art Meldeämter zu nutzen, bei denen man auch Auskunft über den Leumund bestimmter Personen einholen konnte. So zumindest stellte sich beispielsweise Johannes Angelus de Sumaran 1636 sein Projekt einer Wiener *Fragstube* vor; auch im Lemberger Fall sollte das geplante Fragamt des Johann Friedrich Schütz den Aufenthaltsort von Personen – nicht zuletzt Schuldnern – erfassen. Derlei Gebrauch von Adressbüros wurde in der Regel nicht realisiert. Tatsächliche obrigkeitliche Funktionen übernahmen Adressbüros hingegen bei der Arbeitsvermittlung, und hier speziell bei der Vermittlung von Dienstbotinnen und Dienstboten: Erinnert sei an die zahlreichen persönlichen Angaben, zu denen dienstsuchende Personen beispielsweise beim Wiener Fragamt verpflichtet waren. Wenn, wie es den Adressbüros wiederholt vorgeworfen wurde, nur die schlechtesten Diener solche Einrichtungen zur Arbeitssuche benutzten, lag dies eventuell darin begründet, dass die Befragungsprozeduren als entwürdigend und herabsetzend empfunden wurden.

Gab es andere Utopien, die mit den Adressbüros verbunden wurden? Seine Gegner warfen Renaudot vor, er würde mit seinem *Bureau d'adresse* der Gütergemeinschaft sowie der Häresie Vorschub leisten. Etwas deutlicher sind utopische Vorbilder bei Samuel Hartlib zu erkennen, dessen *Office of Address* Teil einer umfassenden Reform von Bildung und Sprache sein sollte. Auch bei Sumarans und Leibniz' Projekten lässt sich diese Tendenz, das Adressbüro als Bildungseinrichtung zu konzipieren, noch erkennen, während bei den meisten Büros des 18. Jahrhunderts pragmatischere Vorstellungen im Vordergrund standen.

Fragt man nach der Relevanz von Adressbüros, ihrem Anteil an der Gesamtheit des in den jeweiligen Städten gepflegten Informationsaustauschs, so fällt eine Antwort auf Grundlage des recherchierten Materials nicht leicht. Die Pariser und Londoner Institutionen erregten zum Teil erhebliches Aufsehen, was auf eine nicht geringe gesellschaftliche Bedeutung schließen lässt: Diese beiden Büros riefen beispielsweise eine künstlerische Resonanz hervor und wurden in Balletten und Theaterstücken behandelt. Bei den habsburgischen *Frag- und Kundschaftsämtern* ist in jenen Fällen eine beträchtliche Nachwirkung zu beobachten, in denen sich die von ihnen herausgegebenen Kundschaftsblätter zu politischen Zeitungen mit weiter Verbreitung entwickelten. Dies gilt insbesondere für Brünn, wo aus dem *Wochentliche[n] Intelligenz-Zettel* die *Brünner Zeitung* wurde, die meistgelesene deutschsprachige Zeitung Mährens, die bis 1921 existierte.

Die Notwendigkeit eines anonymisierten Informationsaustauschs, der nicht von persönlichen Beziehungsnetzwerken abhing,[559] war in erster Linie in den großen Metropolen gegeben, wie bereits Gilles Filleau des Billettes – Nachfolger Renaudots und Zeitgenosse Leibniz' – in einem 1692 verfassten Brief feststellte: Demnach sei ein *Bureau d'adresse* nur in Städten wie Paris, London oder Amsterdam sinnvoll, in denen viele Leute lebten, die einander kaum kennen würden.[560] In den Städten des Heiligen Römischen Reichs und der Habsburgermonarchie war eine solche kritische Masse erst im 18. Jahrhundert vorhanden, weshalb die Geschäfte der Adressbüros eher schleppend anliefen. Zum Teil mag dies auch daran liegen, dass die traditionellen Methoden der Informationsvermittlung noch über längere Zeit relevant blieben: Dienstbotenvermittlung durch Gesindezubringerinnen, Warenvermittlung durch Unterkäufer, Auskunft für Reisende durch Lohnlakaien, die Benutzung von Kaffee- und Wirtshäusern zum Informationsaustausch[561] – all diese Möglichkeiten standen den frühneuzeitlichen Stadtbewohnern als Alternative zum Adressbüro zur Verfügung und wurden auch in Anspruch genommen.

Bedeutend waren die Adressbüros insofern, als sie mit ihrer registerbasierten Vermittlungstätigkeit als Wegbereiter der »Medialisierung« zwischenmenschlicher Beziehungen fungierten. Sie trugen zu jenem »Prozess der Durchdringung des menschlichen und gesellschaftlichen Lebens mit (medien-)vermittelter Kommunikation« bei, den Jürgen Wilke unter dem Begriff »Medialisierung« beschrieben hat.[562] Im Vergleich zu einem Markt, auf dem Käufer und Verkäufer einander direkt begegnen, fand in den Adressbüros die Vermittlung indirekt statt: Das schriftliche Register trat zwischen jene, die Informationen zur Verfügung stellten, und jene, die Informationen suchten. Es waren die Register, die – frei abgewandelt nach Rudolf Schlögl[563] – eine »Vergesellschaftung unter Abwesenden« ermöglichten.

Bis zu einem gewissen Grad wurde Kommunikation dadurch entzeitlicht: Sie war nicht abhängig vom direkten Aufeinandertreffen der beiden Parteien. Deren niedergeschriebene Anliegen konnten vielmehr zu den Öffnungszeiten der Adressbüros eingesehen werden. Nur der endgültige Vermittlungsakt fand dann wieder mittels konventioneller Face-to-Face-Kommunikation statt – und da die Adressbüros in Letztere nicht einbezogen waren und oft nicht über erfolgreiche Abschlüsse informiert wurden, kam es zu Problemen bei der Aktualisierung der Register.

Zumindest teilweise wurde die Kommunikation auch enträumlicht: auf Seiten der Informationseinbringer, wenn das Angebot schriftlich mit Hilfe eines primären, also menschlichen Mediums,[564] das heißt eines Boten, eingebracht wurde; auf diese Weise brauchte der Informationseinbringer das Adressbüro nicht zu betreten, um sein Angebot bekannt zu machen. Auf Seiten der Informationssuchenden kann man von Enträumlichung sprechen, wenn es ein Anzeigen- bzw. Intelligenzblatt gab, das dank der Vervielfältigung am jeweiligen Wohnort der Informationssuchenden durchgesehen werden konnte. Diese Enträumlichung war jedoch begrenzt, da wegen der Anonymisierung der Registerauszüge die vollständige Information – insbesondere Namen und Wohnort der Personen – nur im Protokoll des Büros eingesehen werden konnte. Das Adressbüro blieb somit der privilegierte Ort der Vermittlung. Wer etwas auszutauschen gedachte, musste sich dorthin begeben: Die Informationen wurden an einem zentralen Ort gesammelt und konnten an dieser Stelle von persönlich erscheinenden Interessenten abgerufen werden. Bei der Benutzung von Adressbüros kam es also zu einer Mischung von direkter und indirekter, synchroner und asynchroner Kommunikation.

Auch können Adressbüros als Agenten der »Informatisierung« betrachtet werden, jenes »soziale[n] Prozess[es] des bewussten, systematischen Umgangs mit Informationen (...), welcher darauf zielt, Informationen vom konkreten Subjekt unabhängig nutzen zu können«, wozu »Informationen aus ihrer geistigen, ideellen Form in eine materielle Form überführt werden« müssen:[565] Die Anliegen derjenigen Personen, die Adressbüros aufsuchten, wurden vom dortigen Personal als Informationen mitsamt Angabe der Wohnadresse schriftlich in die Protokollbände eingetragen – also »materialisiert« – und konnten daraufhin unabhängig von der konkreten Verfügbarkeit des Subjekts genutzt und zum Beispiel auch in den Anzeigenblättern publiziert werden.

Welche Rolle spielten die Adressbüros für die Ausweitung der Geld- und Marktwirtschaft? Jacques Savary des Bruslons behauptete in seinem *Dictionnaire universel de Commerce*, dass es sich bei einem Adressbüro um »eine universale Ressource« handelte, »wo man aus allem Geld machen könnte«.[566] Dabei war freilich die Einforderung von Geld für die Vermittlung von Informationen keine Innovation der Adressbüros, denn schon die traditionellen, menschlichen Mittlerinnen und Mittler hatten für derlei Dienste Geld verlangt. Die von Adressbüros vermittelten Verkaufsakte beruhten schon nicht mehr auf einem vorwiegend von Vertrauen bestimmten, personalen Verhältnis zwischen Käufern und Verkäufern[567] und waren zugleich noch nicht Handlungen auf einem »überörtlichen, zeitlich ungebundenen, überpersonalen permanenten Markt«.[568] Vielleicht können sie somit als ein Übergangsphänomen zwischen feudalistischen und kapitalistischen Verhältnissen betrachtet werden.

Adressbüros versprachen, Austauschprozesse zu organisieren, die in späteren Jahrhunderten von Branchenverzeichnissen, Arbeitsämtern, Telefonauskunft, Mitfahrzentralen, Reisebüros, Banken und ähnlichen Einrichtungen übernommen wurden und die wir heute an unsere elektronischen Hilfsmittel und Suchmaschinen delegieren. Adressbüros stießen gleichermaßen auf begeisterte Zustimmung und tiefe Skepsis, stachelten ihre Zeitgenossen zu Utopien an und weckten Befürchtungen um einen Verlust der Privatsphäre. Die Debatten um sie nehmen viele der Auseinandersetzungen, die wir derzeit angesichts des digitalen Wandels führen, vorweg, denn wer von Adressbüros demokratische, partizipative Formen der Vergesellschaftung erhoffte, konnte genauso Argumente finden wie jene, die sich vor allgegenwärtiger Kontrolle fürchteten. Die Beschäftigung mit diesen heute wunderlich anmutenden Institutionen ermöglicht es, neue Perspektiven auf die Probleme und Herausforderungen unserer Gegenwart zu werfen. Schon allein dafür lohnt es sich, sie ins Gedächtnis zurückzurufen.

Anmerkungen

1 Zu diesen Forschungsfragen: Tantner 2008. Dieses Buch, mit dem ich
eine vergleichende, vorwiegend
empirisch orientierte Darstellung
der europäischen Adressbüros liefern möchte, ist die überarbeitete
und gekürzte Fassung meiner 2011
an der Universität Wien eingereichten und im Jahr darauf angenommenen Habilitationsschrift:
Tantner 2011a, dort auch ausführlichere Angaben zu Literatur und
historischem Material. Als eine
der wenigen bislang vorliegenden
vergleichenden Darstellungen siehe: Blome 2006.

2 Montaigne 1998, S. 119.

3 Die Betonung, dass diese Ämter
in Städten zu errichten seien, und
der Hinweis auf die zu kaufenden
bzw. verkaufenden Perlen finden
sich erst in der Ausgabe von 1595:
Montaigne 1595, S. 131.

4 Montaigne 1580, S. 343f.

5 Ebd., S. 344: *ce moyen de nous entr'
aduertir.*

6 Diese Passage (*pour ne s'entr'entend-
re*) erst 1595: Montaigne 1595, S. 132.

7 Feyel 2000, S. 25f., zit. Laffemas
1606, S. 100–105; vgl. auch Solomon 1972, S. 38.

8 Feyel 2000, S. 23–25, 67f.

9 Jubert 2005, S. XXIV–XXIX; weiter zu Renaudot: Hatin 1883; Gilles de la Tourette 1884; Solomon
1972; Feyel 2000, S. 11–130; Burke
2001, S. 81, 91; Stagl 2002, S. 175–187.

10 *bureaux et registres d'adresses de toutes les commoditez reciproques de ses
sujets en tous les lieux de son royaume*;
bureaux, registres, et tables d'addresse
et de rencontre. Patent Ludwig XIII.,
14.10.1612, in: Jubert 2005, S. 16f.

11 Patent vom 31.3.1628, in: Jubert
2005, S. 88f.; zur Einschätzung vgl.
Feyel 2000, S. 35f.

12 Jubert 2005, S. XXXIVf., 91f.

13 Feyel 2000, S. 37.

14 Jubert 2005, S. XXXIIf.; Feyel
2000, S. 273.

15 Renaudot 1631, S. 5f., 9–12, 21–23.

16 [Renaudot] 1634, S. 5.

17 Renaudot 1631, S. 21.

18 Table des choses dont on peut
donner et recevoir avis au Bureau
d'adresse, 1630, in: Jubert 2005,
S. 102–107; dieses seltene Exemplar ist auch überliefert in: Hartlib Papers 2002, 48/8/21A.

19 Renaudot 1631, S. 23, 25, 27.

20 Feyel 2000, S. 371–383; zu Blegny
siehe auch: Kronick 2004, S. 1–11;
Fournier, Édouard: Introduction,
in: Pradel 1878, 1. Bd., S. V–LX.

21 Renaudot 1631, S. 2–26.

22 Usage 1639, S. 13f. [Hartlib Papers
2002, 48/7/1/7A–7B].

23 Renaudot 1631, S. 27–30.

24 [Renaudot] 1634, S. 14f.

25 Renaudot 1631, S. 29.

26 Table, in: Jubert 2005, S. 105f., sowie Hartlib Papers 2002, 48/8/21A.

27 Renaudot 1631, S. 23, 29, 30.

28 Renaudot 1631, unpaginiert.

29 Quinzième feuille du Bureau
d'adresse, 1.9.1633, abgedruckt in:
Fournier 1859, S. 51–61, hier 61,
Wiederabdruck bei Jubert 2005,
S. 172–176, hier 175.

30 Table, in: Jubert 2005, S. 107, sowie
Hartlib Papers 2002, 48/8/21A.

31 Les ceremonies du Te Deum
chanté a Nostre Dame, Et des

drappeaux qui y ont esté porrez. En suite de la reprise des Isles sur les Espagnoles. Avec l'avis receu de la defaite des Croquans. Et la semaine du Bureau d'Adresse. Paris: Bureau d'Adresse, 1637, S. 12 f.

32 Maschurat 1641, S. 32.

33 Ouverture 1637, S. 3 f.; vgl. Usage 1639, S. 21 [Hartlib Papers 2002, 48/7/1/11A].

34 Hatin 1883, S. 52 f.

35 Table, in: Jubert 2005, S. 107, sowie Hartlib Papers 2002, 48/8/21A.

36 Renaudot 1631, S. 8 f.

37 Renaudot 1647, S. 17.

38 Die entsprechenden Verordnungen bei: Jubert 2005, S. 241–243 sowie 247 f.

39 Usage 1639, S. 11 f. [Hartlib Papers 2002, 48/7/1/6A–6B].

40 Quinzième feuille du Bureau d'adresse, 1.9.1633, abgedruckt in: Fournier 1859, S. 60 f., wiederabgedruckt in: Jubert 2005, S. 175.

41 Treiziesme feuille du Bureau d'Addresse, 11.8.1633, in: Arrest de la cour de Parlement, contre le dvc de Lorraine. Auec l'extraict d'vne lettre de Metz, du 4. Aoust 1633, contenant la reduction de la ville de Volfembutel au duché Brunsvic, & autres particularitez. Paris: Bureau d'adresse, 1633, S. 14. Universitätsbibliothek Nimwegen, Signatur BS pfl 1097. Dank an Gilles Feyel für die Überlassung einer Kopie.

42 Renaudot 1640, S. 4, 9.

43 Renaudot 1641, S. 14. Zwei Jahre später sprach Renaudot von 20.000 untersuchten Kranken: Renaudot 1643, S. 2.

44 Maschurat 1641, S. 2.

45 [Renaudot] 1642, S. 10; siehe dazu u. a. Stagl 2002, S. 177 f.

46 Jubert 2005, S. 158–171, druckt die Themen ab, wobei die Auflistung allerdings im Vergleich zu den Originalbänden nicht ganz korrekt zu sein scheint.

47 Feyel 2000, S. 33 f.

48 Renaudot 2004, S. 13–17.

49 Zur Analyse des Inhalts der Vorlesungen siehe Mazauric 1997; Feyel 2000, S. 78–130, sowie Wellman 2003; eine kleine Auswahl daraus ist publiziert bei Renaudot 2004. Verzeichnis der Digitalisate der Conférences du Bureau d'adresse: http://adresscomptoir.twoday.net/stories/156267802/.

50 Feyel 2000, S. 131–263, 547; vgl. auch Solomon 1972, S. 100–161, 216 f.

51 Vgl. Feyel 2000, S. 43–58; bekannt sind bislang vor allem die Ausgaben 10 [Bibliothèque Mazarine, Signatur 10332 D, 32e pièce, abgedruckt bei Feyel 2000, S. 52 f.], 13 (Universitätsbibliothek Nimwegen, Signatur BS pfl 1097) und 15 [abgedruckt bei Fournier 1859, S. 51–53, sowie bei Jubert 2005, Dok. 122, S. 172–176] von 1633; Robert Prutz konnte im 19. Jahrhundert in Dresden die Ausgabe 3/1633 vorfinden: Prutz 1845, Bd. 1, S. 241 f.; bei meinen Recherchen in der Bibliothèque Nationale de France (BNF) konnte ich noch folgende zwei Ausgaben aus dem Jahr 1637 ausfindig machen: La prise de la ville de Bergerac et entiere dissipation des Croquans, Par le Duc de la Valette. Avec la semaine du Bureau d'Adresse. Paris: Bureau d'Adresse, 1637 (Signatur 8-LB36-3117); Les ceremonies du Te Deum, s. Anm. 31 (Signatur 8-LB36-3122).

52 Feyel 2000, S. 49.

53 Treiziesme feuille du Bureau d'Addresse, 11.8.1633, S. 9 f.

54 *On vendra une maison au quartier des halles, consistant en porte coche-re, une grande boutique & arriere-boutique, grande allée, grand corps de logis sur le devant & autre sur le derriere, court, puits, escuries & au-tres commoditez loüée chacun an mil livres, pour le prix de vingtquatre mil livre. V.5.f.6.a.4.r:* La prise de la ville de Bergerac et entiere dis-sipation des Croquans, Par le Duc de la Valette. Avec la semaine du Bureau d'Adresse. Paris: Bureau d'Adresse, 1637, S. 13f.

55 *27° Une chesne de deux cens perles ori-entales rondes et blanches, du prix de vingt cinq escus pièce. V.3.f.249.à.2.v.* Quinzième feuille du Bureau d'adresse, 1.9.1633, abgedruckt in: Fournier 1859, S. 59, wiederabge-druckt in: Jubert 2005, S. 175.

56 Les ceremonies du Te Deum, s. Anm. 31, S. 7, 14.

57 Patent vom 31.3.1628, abgedruckt in: Jubert 2005, S. 88f.

58 Vgl. Renaudot 1647, S. 11f.

59 Renaudot 1631, S. 31f.; [Renaudot] 1634, S. 2.

60 Renaudot 1647, S. 9, 13, 24f.

61 Usage 1639, S. 30 [Hartlib Papers 2002, 48/7/1/15B].

62 Patent vom 31.3.1628, abgedruckt in: Jubert 2005, S. 88f.; Renaudot 1631, S. 32.

63 Renaudot 1647, S. 16f.

64 Ebd., S. 22f.

65 Renaudot 1631, S. 31.

66 Ebd., S. 2.

67 Usage 1639, S. 9 [Hartlib Papers 2002, 48/7/1/4B-5A].

68 Les ceremonies du Te Deum s. Anm. 31, S. 8.

69 Usage 1639, S. 30 [Hartlib Papers 2002, 48/7/1/15B].

70 Renaudot 1647, S. 5–7, 23–25; Feyel 2000, S. 270–272.

71 Renaudot 1647, S. 39f.; vgl. auch Usage 1639, S. 11 [Hartlib Papers 2002, 48/7/1/6A].

72 Usage 1639, S. 1 [Hartlib Papers 2002, 48/7/1/1A].

73 Renaudot 1631, S. 26f.

74 Vgl. dazu auch die beiden von Ju-bert abgedruckten Dokumente: Jubert 2005, S. 112f.

75 Maschurat 1641, S. 33; Renaudot 1647, S. 9.

76 Renaudot 1631, S. 1.

77 Ouverture 1637, S. 3; Renaudot 1641, S. 9.

78 Dixiesme Feuille du Bureau d'Ad-resse, 1.7.1633, Faksimileabdruck in: Feyel 2000, S. 53; vgl. den Teil-abdruck in: Jubert 2005, S. 156.

79 Usage 1639 [Hartlib Papers 2002, 48/7/1/1A-16B].

80 Jubert 2005, S. LIII, 115, 153, 232f., 516; Feyel 2000, S. 275, 278.

81 Jubert 2005, S. 110.

82 Renaudot 1631, S. 6.

83 Balet 1631, S. 11; Vers 1631, S. 4–6; D'Anguien 1640, S. 6.

84 [Patin] 1644, S. 3; ediert bei: Jubert 2005, S. 426.

85 Solomon 1972, S. 40–43.

86 Feyel 2000, S. 42, 288f., 294f.

87 Renaudot 1647, S. 7f.

88 Jubert 2005, S. 216, 531. Vgl. ins-gesamt die Darstellung des Kon-flikts bei Solomon 1972, S. 177–200, sowie Jestaz 2006, Bd. 1, S. 132–151.

89 Jubert 2005, S. 262f.

90 Für dieses Gebäude – das Hôtel des Consultations charitables – be-willigte Ludwig XIII. zwar noch vor seinem Tod Mittel, gebaut wurde es aber nie. Vgl. Jubert 2005, S. LIf. und die dort im Index S. 629 (Ein-trag Consultations charitables, hô-tel des) angeführten Dokumente.

91 [Moreau] 1641, S. 4–8.

92 [Moreau] 1643, S. 1, 21.

93 [Moreau] 1641, S. 5; [Moreau] 1643, S. 3.

94 [Moreau] 1643, S. 7, Zitat S. 18.

95 [Moreau] 1641, S. 5, 13–15.

96 Ebd., S. 21f.

97 Vgl. u. a. Certeau 1990.

98 [Moreau] 1641, S. 53; unterzeichnet ist diese Broschüre mit: *Les tres-humbles, tres affectionnez, & tres-obeïssans serviteurs, Les Doyens & Docteurs Regens de la Faculté de Medecine de Paris,* (S. 59).

99 Jubert 2005, S. LII–LIII, 369, 372–400; Feyel 2000, S. 264.

100 [Patin] 1644, S. 3, ediert bei Jubert 2005, S. 426.

101 Jubert 2005, S. 404–406.

102 Ebd., S. LIV, 466; Feyel 2000, S. 267.

103 Jubert 2005, S. LIV, 560.

104 Ebd., S. 292, 301f.

105 Feyel 2000, S. 273f.

106 Ebd., 2000, S. 279–308.

107 Ebd., 2000, S. 287f.

108 Du Bureau d'Adresse Restably pour la commodité publique, ruë Thibaut-aux-dez, au Carrefour de la ruë des Bourdonnois. Plakat, o. J. [1669]. BNF, manuscrits français (m.f.) 21.741, f. 290r.

109 Du Bureau d'Adresse. BNF, m.f. 21.741, f. 290r; Liste des Avis du Bureau d'Adresse pour servir depuis le premier jour de l'An 1670, S. 2. BNF, m.f.21.741, f. 234v.

110 Liste des Avis du Bureau d'Adresse pour servir depuis le 30. Novembre 1669 jusqu'au 16. Decembre, S. 14f. Bibliothèque Mazarine, A 11.141, pièce 25.

111 Du Bureau d'Adresse. BNF, m.f. 21.741, f. 290r.

112 Liste des Avis (…) depuis le 30. Novembre 1669 jusqu'au 16. Decembre, S. 14. Bibliothèque Mazarine, A 11.141, pièce 25.

113 Liste des Avis (…) depuis le premier jour de l'An 1670, S. 2. BNF, m.f.21.741, f. 234v.

114 Liste des Avis (…) depuis le 30. Novembre 1669 jusqu'au 16. Decembre, S. 8. Bibliothèque Mazarine, A 11.141, pièce 25.

115 Liste des Avis (…) depuis le premier jour de l'An 1670, S. 9–11. BNF, m.f.21.741, f. 238r–239r.

116 In einem 1692 an Leibniz verfassten Brief schrieb Filleau des Billettes, dass er das *Bureau d'adresse* zur Zeit von Leibniz' Parisaufenthalt (1672–1676) einstellen musste, weil er sich unfähig fühlte, dieses weiterzuführen, nachdem seine erste Frau gestorben war. Seine Nachfolger bezeichnete er als »Schlingel« bzw. »bösartige Affen«. Brief Gilles Filleau des Billettes an Leibniz, Paris, 16.11.1692, in: Leibniz 1970, S. 514–516, hier 516.

117 Liste des Avis (…) depuis le premier jour de l'An 1670, S. 9f. BNF, m.f.21.741, f. 238r–v.

118 Feyel 2000, S. 280–304; Heulhard, Arthur: Colletet Gazettier, in: Journal de Colletet 1878, S. 5–26.

119 Sixième Journal et Suite des Avis et des Affaires de Paris [3.9.1676], in: Journal de Colletet 1878, S. 96f.

120 Journal et Suite des Avis et des Affaires de Paris [6.8.1676, Nr. 3], in: Journal de Colletet 1878, S. 65.

121 Douzième Journal et Suite des Avis et des Affaires de Paris [15.10.1676], in: Journal de Colletet 1878, S. 177–180.

122 Journal et Suite des Avis et des Affaires de Paris [13.8.1676, Nr. 4], in: Journal de Colletet 1878, S. 77.

123 Journal et Suite des Avis et des Affaires de Paris [6.8.1676, Nr. 3], in: Journal de Colletet 1878, S. 55.

124 Sixième Journal et Suite des Avis et des Affaires de Paris [3.9.1676], in: Journal de Colletet 1878, S. 97.

125 Quatorzième Journal et Suite des Avis et des Affaires de Paris [29.10.1676], in: Journal de Colletet 1878, S. 201.

126 Journal et Suite des Avis et des Affaires de Paris [6.8.1676, Nr. 3], in: Journal de Colletet 1878, S. 63f.; Journal et Suite des Avis et des Affaires de Paris [13.8.1676, Nr. 4], in: Journal de Colletet 1878, S. 75.

127 Quatorzième Journal et Suite des Avis et des Affaires de Paris [29.10.1676], in: Journal de Colletet 1878, S. 208.

128 Huitième Journal et Suite des Avis et des Affaires de Paris [17.9.1676], in: Journal de Colletet 1878, S. 126.

129 Feyel 2000, S. 289f.

130 Journal general de France, ou Inventaire des adresses du Bureau de Rencontre ou chacun peut donner et recevoir avis de toutes les necessitez & commoditez de la Vie & Societé Humaine. Paris: Claude Blageart, 1681. BNF, m.f. 21.741, f. 245–253.

131 III. und V. Liste des Avis du Journal General de France ou Bureau de Rencontre, 23.10.1681 und 6.11.1681. Bibliothèque Mazarine, Signatur 36442, pièce 5.

132 Journal general de France, ou Inventaire (…), S.15. BNF, m.f. 21.741, f. 253r.

133 V. Liste des Avis du Journal General de France (…), 6.11.1681, S.16.

134 Ebd.

135 Journal general de France, ou Inventaire (…), S. 2–4. BNF, m.f. 21.741, f. 246v–247v.

136 Ebd., S. 11. BNF, m.f. 21.741, f. 251r.

137 Ebd., S. 4f. BNF, m.f. 21.741, f. 247v–248r.

138 Ebd., S. 11. BNF, m.f. 21.741, f. 251r.

139 Ebd., S. 10. BNF, m.f. 21.741, f. 250v.

140 Ebd., S. 15. BNF, m.f. 21.741, f. 253r.

141 V. Liste des Avis du Journal General de France (…), 6.11.1681, S. 7–11.

142 Feyel 2000, S. 289f.

143 Ebd., S. 291–294.

144 Liste générale Du Bureau d'Adresse & de Rencontre, estably par Privilege du Roy en la Place Dauphine, 1.3.1689, S. 1. BNF, m.f. 21.741, f. 260r.

145 Ebd., 1.2.1689, S. 1. BNF, m.f. 21.741, f. 258r; Liste générale (…), 1.4.1689, S. 1. BNF, m.f. 21.741, f. 262r.

146 Ebd., 1.5.1689, S. 1. BNF, m.f. 21.741, f. 264r.

147 Ebd., 1.4.1689, S. 1. BNF, m.f. 21.741, f. 262r; vgl. auch Liste générale (…), 1.3.1689, S. 1. BNF, m.f. 21.741, f. 260r.

148 Liste générale Du Bureau d'Adresse et d'Avis, Par Privilege du Roy, 7.8.1688, S. 1, 3. BNF, m.f. 21.741, f. 254r, f. 255r; Liste générale (…), 1.2.1689, S. 1. BNF, m.f. 21.741, f. 258r.

149 Liste générale (…), 7.8.1688, S. 4. BNF, m.f. 21.741, f. 255v.

150 Feyel 2000, S. 284, 293f.

151 Liste des avis Qui ont été envoïez au Bureau d'Adresse & de Rencontre 1703-1707. BNF-Signaturen V 45066, V 45067, V 45068, Bibliothèque Mazarine, Signatur 42994, pièce 7 bis, ter.

152 X. Liste des avis (…), 1.9.–14.9.1703, S. 9. BNF V 45066.

153 III. Liste des avis (…) depuis le 15. May, 1703. BNF V 45066.

154 IV. Liste des avis (…), 1.6.–15.6.1703, S. 11–12. BNF V 45066.

155 Retablissement du Bureau d'Adresse et de Rencontre. Paris: Jean

Boudot, 1703, S. 1. BNF, m.f. 21.741, f. 278–289, hier 279r.

156 VI. Liste des avis (...), 1.7.–15.7.1703, S. 1. BNF V 45066.

157 XI. Liste des avis (...), 15.9.–28.9.1703, S. 13f. BNF V 45066.

158 XIII. Liste des avis (...), 1.7.–15.7.1704, S. 3–6. BNF V 45067.

159 I. Liste des avis (...), 15.5.–15.6.1707, S. 1, 10–18. BNF V 45068.

160 Hurtaut/Magny 1779, Bd. 1, S. 702.

161 Ebd., Bd. 1, S. 708–714; Galliano 1971.

162 Laffont 1997.

163 Hurtaut/Magny 1779, Bd. 1, S. 716.

164 Lettres Patentes, Portant Privilége des Gazettes & Relations (...) & d'établir des Bureaux de Correspondances, d'Adresse & de Rencontre; en faveur du Sieur Denis-Louis de Rabiot de Meslé, 31.8.1756. BNF, m.f. 21.741, f. 203–206.

165 Feyel 2000, S. 779–789, Zitat 783.

166 Bisherige Darstellungen: Williams 1908, S. 158–160; George 1929, S. 570f.; Blome 2006, S. 5f.

167 *a great defect is daily found in the policie of our State*: Gorges 1611, unpaginiert.

168 Gorges 1611, unpaginiert.

169 Anderson 2007.

170 Gorges 1611, unpaginiert.

171 Gorges 1612, unpaginiert.

172 Gorges 1611, unpaginiert.

173 Gorges 1612, unpaginiert.

174 Erwähnung bereits bei Beckmann 1785, S. 237; ausführlichste Darstellung bei Norman/Lee 1928, S. 399–401.

175 Norman/Lee 1928, Zitat S. 400.

176 Zu Hartlib und seinem Kreis siehe u. a. Turnbull 1920; Turnbull 1947; Trevor-Roper 1970; Greengrass u.a. 1994; beste Darstellung des Adressbüroprojekts: Stagl 2002, S. 179–182.

177 Webster 2002, S. 68; Hartlib Papers 2002, 30/4/33A.

178 In den Hartlib Papers 2002 befinden sich: Renaudot 1631 (48/8), Table des choses (48/8/21A), Usage 1639 (48/7/1).

179 Hoxby 2002, S. 50–52; [Dury/Hartlib (?)] 1647, S. 40f.; [Dury/Hartlib (?)] 1648, S. U2; eine Abschrift der oben zitierten Broschüre von Gorges und Cope befindet sich in den Hartlib Papers 2002, 48/2.

180 [Dury/Hartlib (?)] 1647, S. 35f., 37, 45.

181 Zeitweilig wurde auch eine Doppeldirektion Hartlibs und Durys erwogen, vgl. An Act for erecting an Office for all manner of Addresses, Hartlib Papers 2002, 63/7/8B.

182 [Dury/Hartlib (?)] 1647, S. 45–53 (Zitat S. 46); A Memoriall for Advancement of Universall Learning, Hartlib Papers 2002, 47/1/9A, 48/1/9A, gedruckt bei Turnbull 1920, S. 58.

183 [Dury/Hartlib (?)] 1647, S. 53.

184 An Act for erecting an Office for all manner of Addresses, Hartlib Papers 2002, 63/7/8B; vgl. Turnbull 1947, S. 84.

185 [Dury/Hartlib (?)] 1647, S. 53f.

186 [Dury/Hartlib (?)] 1648, S. 20.

187 Ebd., S. 22f., 29f.

188 The Office of Enteries or Publique Register at the Fountain in King-street, Westminster, Einblattdruck, Hartlib Papers 2002, 57/3/10A; bisherige Darstellungen u. a.: George 1929, S. 572f.; Blome 2006, S. 12.

189 Perfect Occurrences of Every Daie iournall in Parliament, 10.–17.8.1649, Nr. 137, S. 1216f.

190 Ebd., 14.–21.9.1649, Nr. 142, S. 1268f.; 21.–28.9.1649, Nr. 143, S. 1319.

191 Ebd., 5.–12.10.1649, Nr. 145, S. 1342.
192 Elliott 1962, S. 33.
193 Robinson 1650; vgl. Beveridge 1914; zur Biographie Robinsons: Jordan 1967 [1942] , S. 51–66.
194 Stagl 2002, S. 182; Jordan 1967 [1942], S. 250–252.
195 Robinson 1650, S. 2–6.
196 [Speed] 1650.
197 Mr Dymocks Advice concerning an Office of Addresse for Servants, Hartlib Papers 2002, 3/11/2A.
198 Hartlib Papers 2002, 57/3/1A (es handelt sich dabei um eine Abschrift aus den Perfect Proceedings, Nr. 304, 26.7.1655).
199 Norman/Lee 1928, S. 399–402; George 1929, S. 574–576; Elliott 1962, S. 35–45; Blome 2006, S. 12.
200 Mercurius Politicus, 4.6.–11.6.1657, Nr. 365, S. 7840.
201 Office of Publick Advice 1657.
202 Z. B.: *If any Gentlemen, Merchants or Planters be minded to transport themselves, Goods or Passengers, they may speak with the said Commander, or Purser, every day upon the Exchange from 12 till one of the clock, and afterward at the Cardinals Cap till two of the clock;* The Publick Adviser, 26.5.–2.6.1657, Nr. 2, S. 17f.
203 Z. B.: *Enquire at Mr. Tirries a Scrivener, over against the Exchange London.* The Publick Adviser, 26.5.–2.6.1657, Nr. 2, S. 21.
204 A Particular Advice from The Office of Intelligence Neer the Old Exchange in Cornhil, 1659, Nr. 1–51.
205 Harris 1997, S. 196; Harris 1999, S. 149f.
206 Elliott 1962, S. 51f.
207 Winkler 2008, S. 144.
208 Harris 1997, S. 196; Elliott 1962, S. 53, 67–69.
209 Harris 1999, S. 150–153.
210 Elliott 1962, S. 72; George 1929, S. 578f.; Harris 1997, S. 197.
211 Bereits 1737 hatten ein gewisser Vander Esch & Company die Gründung eines »Universal Register« angezeigt, angeregt vermutlich durch einen im Jahr zuvor im Daily Gazetteer publizierten Vorschlag, Montaignes »Office of Intelligence« zu verwirklichen. Aktivitäten dieses Register sind allerdings keine bekannt. Battestin/Battestin 1989, S. 498. Zum Universal Register Office siehe u. a.: Goldgar 1988; George 1929, S. 579–589; Ogborn 1998, S. 201–230, 295–302.
212 Goldgar 1988, S. XVIIf.
213 Fielding 1988; [Fielding/Fielding] 1752; [Fielding/Fielding] 1755.
214 Fielding 1988, S. 6.
215 http://www.google.de/intl/de/about/company/ (Zugriff 7.1.2014).
216 Fielding 1988, S. 3–6.
217 Goldgar 1988, S. LV.
218 Fielding 1988, S. 6–8; Elliott 1962, S. 124f.
219 [Fielding/Fielding] 1752, S. 4, 18.
220 Goldgar 1988, S. XXVI f., LIII.
221 Fielding 1988, S. 8.
222 [Fielding/Fielding] 1755, S. 18–21.
223 George 1929, S. 583–589; Ogborn 1998, S. 216–221.
224 Bertelsen 2000, S. 1f.
225 Ogborn 1998, S. 219–221.
226 Goldgar 1988, S. XXI f.
227 [Fielding/Fielding] 1755, S. 2.
228 Plan of the Public Register-Office, in King-street, Covent-Garden, very commodiously situated and conveniently fitted up, abgedruckt in: Bertelsen 2000, S. 177–179.
229 Bertelsen 2000, S. 38–40, vgl. auch die Darstellungen bei: George 1929, S. 588; Goldgar 1988, S. XXVf.
230 Bertelsen 2000, S. 39–43, Zitat 39.

231 George 1929, S. 589.
232 Bertelsen 2000, S. 55.
233 Hüttner 1798, S. 142f.
234 Ebd., S. 143.
235 Bertelsen 2000, S. 49–59.
236 Reed 1761, S. 7.
237 Vgl. auch: Fortnights ramble 1795, S. 90f.
238 Goldgar 1988, S. XXII; Reed 1761, S. 7.
239 Materialien zu seiner Biographie siehe in: Schröder 1995, S. 190–192; ders. 1999, S. 268f.; Wippich-Roháčková 2000, S. 85.
240 Pölnitz 1939, Sp. 238.
241 Gall/Paulhart 1974, S. 115.
242 Bruzzone 2002, S. 37.
243 [Anonym] 1893.
244 Alle vorangegangenen Zitate: Universitätsarchiv Wien (UAW), Kodex Th 16: Acta Facultatis Theologicae IV 1567–1666, f. 289, r–291a, r; f. 291b, v–292b, v, Einträge vom 27.10.1636 und 23.11.1636.
245 Vgl. auch die Analyse bei Blome 2006, S. 9.
246 Zu Schröder siehe u. a. Srbik 1910; Halder 2007; Czeike 1992–1997, Bd. 5, S. 147; vgl. auch folgende Darstellungen des Intelligenzwerk-Projekts: Bobrowsky 1982, S. 22–27; Gierl 2007, 247f.
247 Alle vorangegangenen Zitate nach: Schröder 1686, S. 155–158, 495–498, 503–511.
248 Zu Leibniz' Adressbüroplänen siehe auch Blome 2006, S. 13f., 19f.
249 Leibniz 1983a, S. 548.
250 Briefe von Leibniz an Gilles Filleau des Billettes, Hannover, 3./13.7.1692 sowie 8.12.1692, in: Leibniz 1970, S. 333, 568.
251 Leibniz 1983b, S. 565; deutsche Übersetzung in: Bredekamp 2004, S. 237–246, hier 242; dort S. 43–80 auch eine Analyse des Leibnizschen *Gedankenscherz*.

252 Leibniz 1986, S. 782.
253 Leibniz 1993, S. 869.
254 Leibniz 1927, S. 74–77, Zitat 75.
255 Alle vorangegangenen Zitate nach Leibniz 1875.
256 Geheimes Staatsarchiv Preußischer Kulturbesitz (GStA-PK), 1. Hauptabteilung (HA), Repositur (Rep.) 122, Französisches Koloniedepartemente, Sig 2a: Adresshäuser 1689–1699: Kurfürst Friedrich III. an Charles Ancillon und dessen Sekretäre Goffin und Maillette, 22.1.1690, f. 18r.
257 Eine aktenmäßige Darstellung auch bei Gelpke 1932.
258 GStA-PK, 1. HA, Rep. 122, Sig 2a: Ansuchen von Pierre Vouchard, undatiert, f. 2.
259 GStA-PK, 1. HA, Rep. 122, Sig 2a: Schreiben an Obermarschall von Grumblau, 25.3.1689, f. 1.
260 GStA-PK, 1. HA, Rep. 122, Sig 2a: Jaques Mazet an Staatsminister Spanheim, 13.9.1689, f. 12.
261 GStA-PK, 1. HA, Rep. 122, Sig 2a: Memoire der Sekretäre Trenoy und Goffin, 31.3.1690, f. 23; Dekret an Jacob Vouchard, 30.4.1690, f. 19. Der Standort Brüderstraße geht aus einer Zeichnung des Malers Stridbeck hervor: Stadt Berlin 1981: Ansicht 1: Prospect in der Brüder-Strassen zu Cöllen an der Spree; vgl. Muret 1885, S. 39.
262 GStA-PK, 1. HA, Rep. 122, Sig 2a: Memoire von Trenoy, Goffin, 19.4.1690, f. 20r.
263 GStA-PK, 1. HA, Rep. 122, Sig 2a: Kurfürst Friedrich III. an die Räte und Manufakturendirektoren Trenoy und Maillette, 14.1.1691, f. 25.
264 GStA-PK, 1. HA, Rep. 122, Sig 2a: Dekret Kurfürst Friedrichs III., 23.4.1692, f. 27–29.

265 No. CLXXXVI Reglement, auf Sr. Churfürstl. Durchl. zu Brandenburg, [...], wornach das hiesige Adress-Hauß eingerichtet, und der Director desselben, Nicolaus Gauguet, [...], sich zu richten haben sollen, vom 26. April 1692, in: CCM 1751, Sp. 613–620, hier 613–615, http://web-archiv.staatsbibliothek-berlin.de/altedrucke staatsbibliothek-berlin.de/Rechts quellen/CCMT61/start.html?image=05036 (Zugriff 23.12.2013); in der französischen Version wird das *Adress-Hauß* als *Bureau d'Adresse* bezeichnet: Reglement fait par ordre exprés de Sa Serenité Electorale, au sujet du Bureau d'Adresse de cette Ville, (...). Du 26 Avril 1692, in: CCM 1750, Sp. 105–112, http://web-archiv.staatsbibliothek-berlin.de/altedrucke.staatsbibliothek-berlin.de/Rechtsquellen/CCMT6A/start.html? image=05617, (Zugriff 23.12.2013).

266 CCM 1751, Sp. 619.

267 Blome 2006, S. 16.

268 Gelpke 1932, S. 121.

269 GStA-PK, 1. HA, Rep. 122, Sig 2a: Dekret Kurfürst Friedrichs III., 4.6.1695, f. 54–56.

270 Erman/Reclam 1786, Bd. 5, S. 33.

271 GStA-PK, 1. HA, Rep. 122, Sig 2a: Aktennotiz, undatiert, f. 60a; Aktennotiz, 1.7.1699, f. 63 (Zitat).

272 GStA-PK, 1. HA, Rep. 122, Sig 2a: Dekret Kurfürst Friedrichs III., 4.8.1699.

273 GStA-PK, 1. HA, Rep. 122, Sig 2b, Adresshäuser 1703–1755: Bericht von La Guiveliere, Ancillon und Delas, 1.1.1703, f. 4–5.

274 GStA-PK, 1. HA, Rep. 122, Sig 2b: Dekret König Friedrich Wilhelms I., 13.8.1716, f. 73–75.

275 No. LXXXII Reglement, renouvelé par Ordre exprés da Sa Majesté le Roy de Prusse, Nostre Souverain, au sujet du Bureau d'Addresse de cette Ville, pour estre exactement executé par Jean Palmier, Directeur du dit Bureau, & par tous ceux qui'il appartiendra de la maniere qui suit, in: CCM 1750, Sp. 489–498, http://web-archiv.staatsbibliothek-berlin.de/altedrucke.staatsbibliothek-berlin.de/ Rechtsquellen/CCMT6A/start. html?image=05809 (Zugriff 23.12.2013).

276 Adress-Calender 1730, S. 16.

277 GStA-PK, 1. HA, Rep. 122, Sig 2c: Witwe und Erben Humbert an König Friedrich II., 28.6.1762.

278 GStA-PK, 1. HA, Rep. 122, Sig 2e: Dekret König Friedrich Wilhelms I., 20.4.1740; Erman/Reclam 1786, Bd. 5, S. 37.

279 Gelpke 1932, S. 123.

280 GStA-PK, 1. HA, Rep. 122, Sig 2e: Aktennotiz, 4.11.1765.

281 GStA-PK, 1. HA, Rep. 122, Sig 2e: Eingabe Jean-Charles Humbert, 5.4.1764.

282 Erman/Reclam 1786, Bd. 5, S. 37f.

283 GStA-PK, I. HA, Rep. 122, Sig 2p: Aktennotiz, 9.12.1793, f. 44r.

284 GStA-PK, I. HA, Rep. 122, Sig 2p: Erben Humbert an König Friedrich Wilhelm II., 7.1.1794, f. 50r.

285 [Mirsch] 1934, S. 5–16.

286 Nicolai 1786, ND 1968, Bd. 1, S. 434.

287 GStA-PK, I. HA, Rep. 122, Sig 2b: Schreiben an König Friedrich Wilhelm, 29.12.1722, f. 96r.

288 GStA-PK, I. HA, Rep. 122, Sig 2b: Schreiben an König Friedrich Wilhelm, 23.1.1723, f. 103r.

289 GStA-PK, I. HA, Rep. 122, Sig 2b: Privileg für Jacques Moyse Vors, 9.7.1723, f. 117v.

290 GStA-PK, I. HA, Rep. 122, Sig 2e: Reglement für AddreßHauß Potsdam, 16.12.1744. In Potsdam waren es der Messerschmied Jean Friderich la Val (Laval) und ein Jean Tillmann Bach, die das Privileg des Adresshauses innehatten: GStA-PK, 1. HA, Rep. 122, Sig 2b: Ansuchen Jean Friderich la Val, 3.3.1743; Königlich preußisches General-Ober Finanz-Kriegs- und DomainenDirectorium an Etatsministri von Brand, 12.8.1744, f. 196; GStA-PK, 1. HA, Rep. 122, Sig 2e: Schreiben des Richters Paul an König Friedrich II., 17.4.1764.

291 Nicolai 1786, ND 1968, Bd. 1, S. 1292f.; Beyträge 1782, 5. Stück, S. 136–147.

292 GStA-PK, 1. HA, Rep. 122, Sig 2b: Ansuchen von Jaques Le Sage, 24.5.1712, f. 86r.

293 GStA-PK, 1. HA, Rep. 122, Sig 2b: Ansuchen von Antoine Hillaire, 19.2.1718, f. 77r.

294 GStA-PK, 2. HA Generaldirektorium, Abt. 14 Kurmark-Materien, J–Z, Tit. CCXXXIX Leihhäuser: Reglement für Daniel Wilhelm Horst zur Anlegung eines Leih-Hauses in der Stadt Magdeburg, 20.5.1777.

295 Zum Adresscomptoir in Altona: Tantner 2011a, S. 177–181.

296 An Literatur zum Wiener Fragamt siehe unter anderem: [Anonym] 1893; Hülber 1975, S. 22–30; Duchkowitsch 1978, S. 311–357; Bobrowsky 1982; Tantner 2011c.

297 Zum Versatzamt siehe u. a. Starzer 1901a, zum Großen Armenhaus siehe auch die im niederösterreichischen Landesarchiv befindliche Chronik: Niederösterreichisches Landesarchiv, St. Pölten (NÖLA), NÖ Regierung, Diverse Protokollbücher – Protokolle in Großen Armenhaus-Sachen, Versatzamts-Sachen 1626–1808, Nr. 64/8: Gedenkprotokoll über Merkwürdigkeiten im Großen Armenhaus, undatiert.

298 Codex Austriacus III 1748, S. 531–535, Zitate 534f.; vgl. auch: Wiener Stadt- und Landesarchiv (WStLA), Patente, 1. Reihe, Nr. 1011, 14.3.1707.

299 Codex Austriacus IV 1752, S. 7f. Der weiteren Bekanntmachung dienten auch drei heute im WStLA, Hauptarchiv Akten, Serie B, Nr. 1117/1710 aufbewahrte Drucke.

300 Die erste dieser Listen erschien am 4. Juni 1721: Wienerisches Diarium (WD), Nr. 1862, 4.6.–6.6.1721; siehe Bobrowsky 1982, S. 38f.

301 WD, Nr. II, 7.1.1722.

302 WD, Nr. XXIII, 21.3.1722.

303 WD, Nr. 31, 15.4.1724.

304 WD, Nr. 85, 23.10.1723.

305 WD, Nr. 31, 15.4.1724.

306 Mayer 1887, Bd. 2, S. 14f., Anm. 58; Zenker 1903, S. 2f.; Duchkowitsch 1978, S. 265–288; Österreichisches Staatsarchiv (ÖStA), Haus-, Hof- und Staatsarchiv (HHStA), Reichshofrat (RHR), Gratialia et Feudalia (Grat. Feud.), Impressorien (Impr.), Kt. 63, bei Konvolut I, Nr. 18: Resolution Karls VI. an Johann Baptist Schönwetter, 22.10.1721. Zu Ghelen siehe u. a. Frank/Frimmel 2008, S. 77f.

307 WD, Nr. 27, 3.4.1728.

308 Zu den genauen Titeln und Standorten dieses Blatts vgl. ORBI 2006, Bd. 1, S. 414–416, 437f. (= Nr. 3,1: 686–689, 731).

309 Post-tägliche Frag- und Anzeigungs-Nachrichten / des Kaiserl. Frag- und Kundschafts-Amt in Wien (PFAN), Nr. 36, 5.5.1731.

310 PFAN, Nr. 47, 13.6.1731.

311 ÖStA, Finanz- und Hofkammerarchiv (FHKA), Neue Hofkammer (NHK), Kommerz Ober- und Niederösterreich, Kt. 85 (vormals rote Nummer 86), Fasz. 35, f. 4–9, 32–108, 143; vgl. auch WStLA, Alte Registratur, A2, 107/1763 IV 11 sowie Moravský zemský archiv, Brno (MZA), B1 Gubernium, Kt. 51, B6/55, f. 908–910.

312 ÖStA, FHKA, NHK, Österreichisches Kamerale, Akten, rote Nummer 412, Faszikel 9/11, 32 ex März 1785, f. 168–179, hier f. 170v, 179r: Vortrag von Hofkanzlei, Hofkammer und Bankodeputation, 20.2.1785; vgl. Effenberger 1918, S. 257.

313 WD, Nr. 4, 12.1.1780.

314 Nicolai 1783, ND 1994, Bd. 3, S. 270.

315 NÖLA, NÖ Regierung, Maria Theresianische Verwaltung, Hofresolutionen in publicis, Kt. 155 (Juni 1774): Johann Leopold Edler von Ghelen an NÖ Repräsentation und Kammer, pr. 6.11.1758; vgl. auch die Darstellung bei Duchkowitsch 1978, S. 348–357.

316 Ausführlicher dazu Tantner 2011b, allgemein zur Zeitungsgeschichte der böhmischen Länder: Šimeček 2011.

317 Národní Archiv, Prag (NA), Patenty, 1747 září 4: Versatzamtspatent, 4.9.1747; Patententwurf in NA, Staré české místodržitelstvi (SČM) 1747/VI/ch/57, Kt. 651; NA, SČM 1747 X ch KK 1182, Kt. 655: Böhmische Statthalterei an Kreisämter, 3.10.1747; allgemein zum Prager Versatzamt siehe: Frohmann 1947.

318 Zu Bock: Voit 2006, S. 126f., SV »Bock von Pollach Josef Ferdinand«.

319 NA, Česke Gubernium, Publicum (ČG-Publ.) 1748–1755, O 3, Kt. 130: Aktennotiz, 19.1.1763.

320 NA, ČG-Publ. 1748–1755, O 3, Kt. 130: Berechnung Über den a 1ma Aprilis Anno 1753 intuito des Neuerrichteten Frag-Ambts für die gewöhnl.: Wochenblätter a Nro 13 bis ad Nro 52 inclusive dann an Einschreibgebührnüssen, Eingekommenen Geld Empfang, und respective Ausgaab, undatiert. Ausgaben dieses Kundschaftsblatts, das im Zeitraum 1755 bis 1771 zumeist den Titel *In/Im Königreich Böheim* (IKB) trug, befanden sich ursprünglich in der Knihovna Novinářského studijního ústavu v Praze (heute: Knihovna Fakulty sociálních věd UK, Prag) und wurden laut Auskunft von Dagmar Kulhánková (E-Mail vom 15.1.2008) im Jahr 1990 im Original an die Familie Lobkowitz in Krimnice restituiert; in der Knihovna Fakulty sociálních věd UK befinden sich heute davon angefertigte Mikrofiches für die (teils unvollständigen) Jahrgänge 1754–1755 und 1757–1769.

321 NA, ČG-Publ. 1756–1763, N 2, Kt. 215: Cession Bock an Groeben, 22.4.1756; Groeben an böhmische Repräsentation und Kammer, ps. 26.4.1756.

322 NA, ČG-Publ. 1756–1763, N 2, Kt. 215: Böhmische Repräsentation und Kammer an Otto Ludwig von Loscani, 27.9.1756.

323 NA, ČG-Publ. 1756–1763, N 2, Kt. 215: Cession Hillgarten an Pruscha, 19.9.1757.

324 NA, ČG-Publ. 1756–1763, N 3, Kt. 215: Pruscha, Ignaz: (...) Vorschlag durch was Mittel (...) das (...) Prager Frag- und Kundschaft-Amt (...) empor gebracht werden könnte, undatiert (einbegleitet am 11.4.1761).

325 Voit 2006, S. 721f., SV »Průša Ignác František«.

326 NA, ČG-Publ. 1764–1773, N 2/1 (Mappe Poptavkový úřad), Kt. 445: Gewißenhaftes und ausführliches Verzeichniß aller und jeder bey dem Prager Frag- und Kundschaftsamte seyenden Einnahmen und Ausgaben, 12.9.1770.

327 Przedak 1918, S. 59–61.

328 Titel 1777: *Prager Intelligenzblatt aus dem k.k. privilegirten Frag- und Kundschaftsamte*; 1778: *Neu verbessertes Prager Real Conversations Intelligenzblatt aus dem k.k. privilegirten Frag- und Kundschaftsamte*; 1779–1780: *Prager außerlesene und interessante Nachrichten, nebst der eigentlichen Intelligenz, aus dem k. k. privil. Frag- und Kundschaftsamte*; 1781–1788: *Prager interessante Nachrichten, aus dem k.k. priv. Frag- und Kundschaftsamte* (PIN); 1789–1795: *Prager Staats- und gelehrte Nachrichten, nebst dem eigentlichen Intelligenzblatte aus dem k.k. Frag- u. Kundschaftsamte* (PSGN); 1796–1811: *Kaiserlich Königlich priv. Prager Intelligenz-Blatt* (PI). Erhaltene Jahrgänge befinden sich u. a. in der Strahovská knihovna, Signaturen AT XVIII 1-8 (1764–1772, 1779, 1780, 1787), A V XVIII 24–25 (1786, 1788); A V XVIII 12–21 (1790–1795) und der Národní knihovna České republiky (NKP), Signaturen 52 D 85 (1777, 1778, 1796–1803, 1805–1811), 65 D 397 (1781–1795).

329 PIN, 3.2.1781, Nr. 5, ähnlich auch PSGN, 9.8.1789, Nr. 32, Beilage.

330 Zu Schönfeld siehe u.a.: Wögerbauer 2007; Voit 2006, S. 795f., SV »Schönfeld z Schönfeldu Jan Nepomuk Ferdinand«; Egger 1951. Allgemein zu Literatur, Buch-

druck und Buchhandel in Prag: Wögerbauer 2006.

331 Prager Oberpostamtszeitung (POPAZ), Beilage, 1. Stück, 2.1.1790, S. 1.

332 POPAZ, Beilage, 1. Stück, 1.1.1791, S. 1.

333 PSGN, 12.10.1793, Nr. 41, Beilage.

334 Przedak 1918, S. 75–82; NA, ČG-Publ. 1796–1805, 102/24-163, Kt. 4052: Kontrakt Schönfeld mit Kammerprokuratur, 31.3.1794.

335 Egger 1951, S. 74; Wögerbauer 2006, S. 188, 192.

336 Przedak 1918, S. 123.

337 Schiessler 1834, S. 152f.; vgl. auch Glückselig 1835, S. 206, 209.

338 Zur Lehensbank siehe u.a.: Beer 1899, S. 146–151; Chylík 1950, S. 261–282; Freudenberger 1977, S. 55–62.

339 MZA, B10 Kommerzienkonsess, Kt. 110, Sig. L2/1770: Kernhofer an mährisches Gubernium, 23.9.1751, f. 59–63, hier 61v.

340 MZA, B1, Kt. 2249, Sig. L160, dodatky 60: Nachtrags-Patent, in Betref, der zu Brünn aufgerichteten Lehen-Bank, 25.10.1751, f. 54–57, hier 56v–57r.

341 Šimeček 1999, S. 335.

342 MZA, B1, Kt. 2249, Sig. L160, dodatky 61: Avertissement, f. 44; das Avertissement befindet sich auch dem ersten Jahrgang des Brünner Kundschaftsblatts – Wochentlicher Intelligenz-Zettel aus dem Frag-Amt der Kayserlich-Königlichen privilegirten Lehen-Bank zu unser lieben Frauen in Brünn (WIZ), Archiv Města Brna, Brno (AMB), V13 Knihovna Mitrovského-116 – vorangebunden.

343 MZA, B10 Kommerzienkonsess, K6/1766: Bericht des mährischen Kommerzienkonsess an den Kommerzienrat, 13.5.1766, f. 104r.

151

344 MZA, B14 st Moravské místodrži-
telství (starší), Kt. 2410: Adam von
Henikstein an mährisches Gubernium, Lemberg, 8.6.1791, f. 971–
984, hier 971v.
Zur Familie Hönig siehe u. a. Mittenzwei 1998, S. 72, 170–180, 257.

345 MZA, B14 st, Kt. 2410: Hofdekret,
30.3.1793, f. 740; Patent, 5.10.1793,
f. 581–587.

346 MZA, A8, Kt. 643, Sig. L12: Protokoll, 22.1.1811, f.30r.

347 Zu dieser Publikation: Šimeček
1982; Zeman 2004, 2005.

348 MZA, B14 st, Kt. 2410: Mährisches Gubernium an Hofkammer,
21.7.1791, f. 95IV.

349 Vgl. u. a. WIZ, 27.3.1756, Nr. 13;
3.4.1756, Nr. 14; 6.5.1762, Nr. 18;
24.3.1763, Nr. 12; 31.3.1763, Nr. 13;
7.4.1763, Nr. 14.

350 ÖStA, FHKA, NHK, Kommerz-
kammer, rote Nr. 1144, 49 ex Jän
1815; 63 ex Juli 1815; 20 ex Jänner
1816; AMB, A1/13 Stará Spisovna
Politico-publica, Stara Sign. 4199,
kr 232: Bericht des Brünner Ma-
gistrats an das mährische Kreis-
amt, 10.5.1815.

351 Piskernik 1986, S. 30–33, 38, 45, 182–
202; Starzer 1901b, S. 90–92, Zitat
90.

352 Dinklage 1978, S. 207–210; Thiel
1940, S. 87.

353 Wochentliches Kundschaftsblatt
des Herzogthum Krain, Laibach
1775, S. 835, 837. Zu dieser Publikation: Žigon 2003.

354 Starzer 1901a, S. 8, Anm. 1; Piskernik 1986, S. 167–181.

355 Steiermärkisches Landesarchiv
(StLA), Altes Gubernium, 1783-I-
659, Kt. 663: Heindl an inneröster-
reichisches Gubernium, 2.12.1782.

356 Thiel 1940, S. 90f.; ORBI 2006, Reihe 3, Bd. 1, S. 263, Nr. 3, 1:393. Leider

357 Golob 2004, S. 40f., 52, 69, 502.

358 Grätzer Zeitung, 10.1.1789, Nr.3,
Beilage.

359 StLA, Altes Gubernium, 1783-IX-
124 (liegt bei 1783-I-659): Heindl
an IÖ Gubernium, 1.9.1783; Gubernium an Heindl, 6.9.1783.

360 Grätzer Zeitung, 20.8.1791, Nr.70,
Anhang, S. 1397.

361 StLA, Nachlaßverhandlung Elisabeth Heindlin, Mag Graz D
82/1802: Anna Heindlin an Ma-
gistrat der Stadt Graz, 29.11.1802.

362 Caspart 1991; Golob 2012; zu Ambros auch: Gugitz, 1954.

363 StLA, Postarchiv Kt.33 H.327 –
Kleine Post: Kurrende 12.3.1796,
Nachricht 1796; veröffentlicht bei
Himmel-Agisburg 1970, S. 26–34, 37.

364 ÖStA, Allgemeines Verwaltungsarchiv (AVA), Hofkanzlei, Akten
Kt. 1857 (V.G.3.): Ansuchen Johann Friedrich Schütz an Joseph
II., Wien, 12.7.1782.

365 ÖStA, AVA, Hofkanzlei, Akten,
Kt. 542 (IV.D.7), Mappe »Perso-
nalPrivileg Schütz«, März 1783:
Galizisches Gubernium an Joseph
II., 25.10.1782; Aktenfragment der
Hofkanzlei, 17.3.1783; undatiertes
Aktenfragment; ÖStA, HHStA,
Kabinettsarchiv, Staatsratsproto-
kolle, 1783/I, Nr. 1045.

366 ÖStA, AVA, Hofkanzlei, Akten
Kt. 542 (IV.D.7), Mappe Buchdrucker, »27. Juli 1785«: Schreiben des
galizischen Guberniums, 7.2.1785;
Mappe Buchdrucker, »März 1785«:
Aktenfragmente; Mappe Buchdrucker, »Oktober 1791«: Aktenfragmente.

367 Gugitz 1954, S. 66.

368 Tiroler Landesarchiv (TLA), Jüngeres Gubernium (JG), Fasz. 3504,

hat sich von diesem Kundschaftsblatt keine Ausgabe erhalten.

1799 Präsidiale Politica, Nr. 99: Nota Polizeihofstelle an Tiroler Polizeidirektion, 24.5.1798.

369 TLA, JG, Fasz. 187, 1797, Nr. 13142 (= Sachgruppe 43, 1797, Nr. 116): Aktenvermerk, 25.7.1798.

370 Ebd.: Kopie des Hofdekrets an Tiroler Landesgouverneur, 16.9.1798; Aktenvermerk, 6.10.1798; Tiroler Gubernium an Ambros, 6.10.1798; TLA, JG, Fasz. 3489, Präsidiale Publ. Polit. 1798, Nr. 695: Hofdekret an Tiroler Landesgouverneur, 16.9.1798.

371 TLA, JG, Fasz. 187, 1797, Nr. 13142 (= Sachgruppe 43, 1797, Nr. 116): Aktenvermerk, 10.10.1798.

372 Ebd.: Tiroler Gubernium am Ambros, 10.10.1798.

373 Ebd.: Aktenvermerk, 10.11.1798.

374 Ebd.: Tiroler Gubernium an Polizeidirektion, 10.11.1798.

375 Nachricht an das vaterländische Publicum, das neue Innsbrucker Fragamt und seine wöchentlichen Anzeigen betreffend [1798]. Bibliothek des Tiroler Landesmuseums Ferdinandeum, Signatur W 8232.

376 Caspart 1991, Bd. 2, S. 404 f., 424-426; Innsbrucker Wöchentliche Anzeigen (IWA) 1799–1800; Innsbrucker Wochenblatt (IWB) 1801–1806; Innsbrucker Zeitung (IZ) 1807–1814. Bibliothek des Tiroler Landesmuseums Ferdinandeum, Signatur W 8232–8238, Universitätsbibliothek Innsbruck, Signatur 30.400.

377 IWB, Nr. 38, 22.9.1806.

378 IWA, Nr. 25, 24.6.1799, Beilage.

379 IWB, Nr. 27, 2.7.1804.

380 IWA, Nr. 23, 10.6.1799.

381 IWB, Nr. 6, 10.2.1806.

382 IWB, Nr. 18, 6.5.1806.

383 Caspart 1991, Bd. 2, S. 440, 449, 453.

384 TLA, JG, Fasz. 3534, 1801, Präsidiale Politica, Nr. 4: Einvernahme von Ambros, 4.1.1801.

385 Brief Drucker Casimir Schumacher an Franz Carl Zollner, Innsbruck, 7.5.1811, in: Briefe historischen, artistischen und freundschaftlichen Inhalts geschrieben an Franz Carl Zoller. Gesammelt 1831. Bibliothek des Tiroler Landesmuseums Ferdinandeum, Signatur FB 2037, N° 186.

386 Vgl. auch Olbert 1937, S. 70.

387 Avertissement, 9.4.1781, Beilage zu: Wiener Zeitung (WZ), Nr. 40, 19.5.1781 [unpaginiert], Signatur: Österreichische Nationalbibliothek (ÖNB), 1,005.524-D/1780, 1. Bd.

388 Zum Tauschkindersystem siehe u. a. Liszka 2003.

389 Avertissement, 9.4.1781, Beilage zu: WZ, Nr. 40, 19.5.1781 [unpaginiert].

390 Preßburger Kundschaftsblatt (PK), III. Stück, 15.–21.4.1781, S. 12; IV. Stück, 22.–28.4.1781, S. 16. Die Jahrgänge 1781–1782 dieser Publikation befinden sich in der Univerzitná knižnica v Bratislave, einige Ausgaben des Jahrgangs 1783 in der Főszékesegyházi Könyvtár, Esztergom.

391 Avertissement, 9.4.1781, Beilage zu: WZ, Nr. 40, 19.5.1781 [unpaginiert].

392 PK, XVIII. Stück, 29.7.–4.8.1781, S. 70.

393 PK, XVI. Stück, 15.7.–21.7.1781, S. 61.

394 PK, XXXVIII. Stück, 15.9.–21.9.1782, S. 150.

395 PK, XLIII. Stück, 20.10.–26.10.1782, S. 171.

396 PK, III. Stück, 15.–21.4.1781, S. 9 f.; VII. Stück, 13.5.–19.5.1781, S. 27; XIII. Stück, 24.6.–30.6.1781, S. 52; 1783 konnten manche Ausgaben dann bis zu zwanzig Seiten umfassen.

397 PK, V. Stück, 29.4.–5.5.1781, S. 19f.
398 PK, XVII. Stück, 22.–28.7.1781, S. 67.
399 PK, XXII. Stück, 26.8.–1.9.1781, S. 87.
400 PK, XII. Stück, 3.6.–9.6.1781, S. 45.
401 PK, Nr. 38, 20.12.1783, S. 456.
402 PK, XXVI. Stück, 24.6.–30.6.1782, S. 102.
403 PK, XLV. Stück, 3.11.–9.11.1782, S. 178.
404 PK, XII. Stück, 3.6.–9.6.1781, S. 45.
405 PK, Nr. 13, 28.6.1783, S. 197.
406 PK, V. Stück, 29.4.–5.5.1781, S. 19.
407 PK, VI. Stück, 6.5.–12.5.1781, S. 22.
408 PK, V. Stück, 29.4.–5.5.1781, S. 19.
409 PK, XXXIV. Stück, 18.11.–24.11.1781, S. 146.
410 PK, XXXVIII. Stück, 16.12.–22.12.1781, S. 162.
411 PK, XIV. Stück, 31.3.–6.4.1782, S. 53; Wiederholung im XV. Stück, 7.4.–13.4.1782, S. 57f., umfangreiche Preisliste auf S. 59.
412 PK, III. Stück, 13.1.–19.1.1782, S. 9.
413 PK, XII. Stück, 3.6.–9.6.1781, S. 45.
414 WZ, Nr. 25, 28.3.1781 [unpaginiert].
415 PK, V. Stück, 29.4.–5.5.1781, S. 17f.; VIII. Stück, 20.5.–26.5.1781, S. 30.
416 PK, XXV. Stück, 17.6.–23.6.1782, S. 96.
417 PK, XII. Stück, 3.6.–9.6.1781, S. 47.
418 PK, XXII. Stück, 26.8.–1.9.1781, S. 85.
419 PK, LI. Stück, 15.12.–21.12.1782, S. 200.
420 PK, Nr. 3, 19.4.1783, S. 36.
421 PK, XXIV. Stück, 9.9.–15.9.1781, S. 106.
422 PK, II. Stück, 7.1.–12.1.1782, S. 5.
423 PK, Nr. 36, 6.12.1783, S. 448.
424 PK, XXV. Stück, 16.9.–22.9.1781, S. 107.
425 PK, VIII. Stück, 20.5.–26.5.1781, S. 30.
426 PK, XVII. Stück, 22.–28.7.1781, S. 67.
427 PK, XVI. Stück, 15.7.–21.7.1781, S. 61.
428 PK, XIV. Stück, 1.7.–7.7.1781, S. 53–55.
429 PK, VII. Stück, 13.5.–19.5.1781, S. 27; vgl. auch XXVI. Stück, 24.6.–30.6.1782, S. 102.
430 PK, XIII. Stück, 24.6.–30.6.1781, S. 49.

431 PK, XVI. Stück, 15.7.–21.7.1781, S. 62.
432 PK, XVIII. Stück, 29.7.–4.8.1781, S. 69.
433 PK, XIV. Stück, 1.7.–7.7.1781, S. 56; vgl. auch X. Stück, 3.6.–9.6.1781, S. 40; Nr. 12, 21.6.1783, S. 180.
434 PK, XXXI. Stück, 28.10.–3.11.1781, S. 134.
435 PK, XXXII. Stück, 4.11.–10.11.1781, S. 137.
436 PK, XV. Stück, 8.7.–14.7.1781, S. 59.
437 PK, IV. Stück, 20.1.–26.1.1782, S. 13.
438 PK, VI. Stück, 3.2.–9.2.1782.
439 PK, IX. Stück, 24.2.–2.3.1782, S. 34.
440 PK, XXX. Stück, 21.7.–27.7.1782, S. 107.
441 PK, Nr. 8, 24.5.1783, S. 128.
442 PK, XXXVII. Stück, 8.9.–14.9.1782, S. 148.
443 PK, XIV. Stück, 31.3.–6.4.1782, S. 53f.
444 PK, XXXV. Stück, 25.8.–31.8.1782, S. 140; vgl. auch Kókay 1990, S. 101; Tancer 2008, S. 61f. 1784/85 sollte dann Gottfried Weissenthal ein Lekturkabinett in Pressburg eröffnen: Pavercsik 2006, S. 108f.
445 PK, XXXVI. Stück, 1.9.–7.9.1782, S. 141f.
446 PK, XXIII. Stück, 2.6.–8.6.1782, S. 90f.
447 PK, XXIV. Stück, 9.6.–16.6.1782, S. 95; vgl. auch XXV. Stück, 17.6.–23.6.1782, S. 98; XXX. Stück, 21.7.–27.7.1782, S. 119; XLI. Stück, 6.10.–12.10.1782, S. 163; XLII. Stück, 13.10.–19.10.1782, S. 163f.; XLVI. Stück, 10.11.–16.11.1782, S. 184.
448 PK, XLIX. Stück, 1.12.–7.12.1782, S. 196.
449 PK, Nr. 37, 13.12.1783, S. 451; Nr. 38, 20.12.1783, S. 456.
450 PK, XXXVIIII. Stück, 22.9.–28.9.1782, S. 155f., vgl. auch u. a. XLI. Stück, 6.10.–12.10.1782, S. 164.
451 PK, IX. Stück, 27.5.–2.6.1781, S. 33.
452 PK, X. Stück, 3.6.–9.6.1781, S. 39.
453 PK, XIX. Stück, 14.10.–20.10.1781,

S.124; vgl. I. Stück, 1.–7.4.1781, S.2; Nr. 27, 4.10.1783, S.411; Nr. 30, 25.10.1783, S.423.

454 PK, VI. Stück, 3.2.–9.2.1782, S.22.

455 PK, Nr. 25, 20.9.1783, S.392 (statt falsch 390).

456 PK, Nr. 26, 27.9.1783, S.401, 408.

457 PK, Nr. 39, 27.12.1783, S.460.

458 Allgemein zur Situation Pressburgs im 18.Jahrhundert siehe: Tancer 2008, S.21–65.

459 Zu den Fragämtern von Ofen und Pest vorläufig: Tantner 2011a, S.157f.

460 WZ, 13.8.1785, S.1913.

461 Korabinsky o. J. [1781]; Nicolai 1783, ND 1994; Sander 1783–1784.

462 Dietz 1922, S.14f.

463 ÖStA, HHStA, RHR, Grat. Feud., Impr., Kt. 29: Anton Heinscheidt an Karl VI., 3.2.1722, f.175r.

464 Heinscheidt 1850, S.5–9, Zitate 5f., 9.

465 Dietz 1922, S.3, 16.

466 HHStA, RHR, Grat. Feud., Impr., Kt. 29: Johann Joseph Wirsching an Karl VI., pr 16.11.1722, f.183v.

467 Dietz 1922, S.17f.

468 Dietz 1922, S.18f.

469 Universitätsbibliothek der Goethe Universität Frankfurt am Main: Frankfurter Zeitungen. Chronologische Auflistung 1: ab 1615, http://www.ub.uni-frankfurt.de/wertvoll/ffmztg3.html (Zugriff 27.12.2013).

470 Schöne 1912, S.75.

471 Marperger 1710, Bd. 1, S.389–391.

472 Marperger 1715, Vorrede, unpaginiert.

473 Schöne 1912, S.75.

474 Ebd., 1912, S.115.

475 Ebd., S.75f.

476 Ebd., S.113–115.

477 Ebd., S.77f.

478 Ebd., S.18f., 78.

479 F[alke]. 1866, S.220–224.

480 Iccander 1724, S.238–240; Schöne 1912, S.72, 74f., 79.

481 Zeissig 1930, S.11.

482 Ebd., S.15f.

483 Schöne 1912, S.89.

484 Zeissig 1930, S.43–47.

485 Ebd., S.390; vgl. fast wortgleich: Krünitz 1805, S.520f.

486 Ebd., S.392.

487 Ebd., S.454f.; Hoppe 1999, S.258–260.

488 Ebd., S.457.

489 Ebd., S.391–393.

490 Ost 1930, S.50, 64.

491 Ebd., S.52.

492 Huneke 2001, S.216.

493 Ost 1930, S.68, 75.

494 Gelpke 1932, S.122.

495 Wochentliche Berlinische Frag- u. Anzeigungs-Nachrichten (WBFAN), Nr. XVII, 26.4.1728.

496 WBFAN, Nr. I, 5.1.1728.

497 WBFAN, Nr. I, 5.1.1728; Nr. XV, 12.4.1728.

498 WBFAN, Nr. I, 5.1.1728.

499 Mangold 1897, S.195.

500 Ebd., S.197–199.

501 Ebd., S.199.

502 Ebd., S.198.

503 Ebd., S.207.

504 Ebd., S.215–221.

505 Zum Zürcher Berichthaus siehe: Cattani 1956.

506 Donnstags-Nachrichten von Zürich (DNZ), Nr. I, 23.2.1730.

507 DNZ, Nr. I, 23.2.1730.

508 DNZ, Nr. XLV, 29.12.1730.

509 DNZ, Nr. XLV, 29.12.1730.

510 DNZ, Nr. I, 23.2.1730.

511 DNZ, Nr. I, 23.2.1730.

512 DNZ, Nr. XLV, 29.12.1730; Cattani 1956, S.22.

513 DNZ, Nr. II, 8.1.1733.

514 DNZ, Nr. I, 23.2.1730.

515 DNZ, Nr. XI, 4.5.1730.

516 DNZ, Nr. XXV, 10.8.1730.

517 DNZ, Nr. II, 8.1.1733.

518 Cattani 1956, S.23–25.

519 Ebd., S. 57, 80f.; http://www.moneyhouse.ch/u/berichthaus_holding_ag_CH-020.3.903.025-4. htm (Zugriff 27.12.2013).

520 Bronner übernimmt den Standard wieder ganz, in: derstandard.at, 13. August 2008, http://derstandard.at/1218533947954 (Zugriff 24.5.2011).

521 Das online abfragbare Breslauer Adressbuch von 1832 http://www.breslau-wroclaw.de/de/ breslau ab/1832/ (Abfrage 13.8.2009) verzeichnet unter dem Namen Saul folgende Einträge: Saul, Agent, Reuschestraße 38; Saul, jun., Commissionar, Reuschestraße 38; Saul, Gesinde-Vermiether, Ring 30; Saull, Agent, Wallstraße 13.

522 GStA-PK, 1. HA, Rep. 95, Preußische Bank, Signaturnummer 68: Bekanntmachung Anfrage- und Adreß-Bureau, Breslau, 18.8.1827, f. 80, 81.

523 GStA-PK, 1. HA, Rep. 120, Preußisches Ministerium für Handel und Gewerbe, Abt. B XIII Commissionairs, Nr. 5, Breslau, Bd. I 1817–1848: Bekanntmachung, Dezember 1829.

524 GStA-PK, 1. HA, Rep. 95, Preußische Bank, Signaturnummer 68: Bekanntmachung Anfrage- und Adreß-Bureau, Breslau, 18.8.1827, f. 80, 81.

525 Laut GStA-PK, 1. HA, Rep. 120, Preußisches Ministerium für Handel und Gewerbe, Abt. B XIII Commissionairs, Nr. 5, Breslau, Bd. I, 1817–1848: Breslauer Polizeipräsident an Bauer, Breslau 26.2.1830, erschien ein Inserat 1827 in der N° 97 der Schlesischen Zeitung auf S. 2747.

526 Ebd.: Bauer an Preußisches Innenministerium, Breslau, 3.5.1830.

527 George Leopold Baron von Reiswitz (Reißwitz) [1764 Moschen

(Kreis Neustadt O.S.)–1828 Breslau], laut: Mennonitisches Lexikon, hg. von Hege, Christian/Neff, Christian, Karlsruhe 1958, Bd. 3, Lemma Reiswitz (Reißwitz), George Leopold Baron von, S. 462f.

528 GStA-PK, 1. HA, Rep. 120, Preußisches Ministerium für Handel und Gewerbe, Abt. B XIII Commissionairs, Nr. 5, Breslau, Bd. I 1817–1848: Promemoria Bauer, 10.3.1830; Bauer an Preußisches Innenministerium, Breslau, 3.5.1830.

529 Ebd.: Königliche Regierung, Abteilung des Inneren an das Ministerium für Gewerbe und Handel, Breslau, 3.1.1831.

530 GStA-PK, 1. HA, Rep. 120, Preußisches Ministerium für Handel und Gewerbe, Abt. B XIII Commissionairs, Nr. 5, Breslau, Bd. I 1817–1848: Bekanntmachung, Dezember 1829.

531 Bekanntmachung, in: Augsburger Allgemeine Zeitung, 13.1.1826, Nr. 13, Beilage, S. 51f.; vgl. auch Bruckbräu 1828, S. 36.

532 Bekanntmachung, in: Königlich-Baierisches Intelligenz-Blatt für den Unterdonau-Kreis, Stück 3, Passau, 18.1.1826, S. 30.

533 Das Anfrag- und Addreß-Bureau in München, in: Der Bayerische Volksfreund, 11.11.1826, 3. Jg., Nr. 134, S. 589.

534 Über das allgemeine Anfrage- und Auskunfts-Comptoir in Wien, in: Erneuerte vaterländische Blätter für den österreichischen Kaiserstaat, 15.1.1820, Nr. 5, S. 17–20.

535 Pezzl 1822, S. 166.

536 [Bäuerle, Adolph:] Briefe des jüngsten Eipeldauers an seinen Herrn Vettern in Kakran, 1820, 5. Heft, S. 230f.

537 Pezzl 1841, S. 206.

538 Z. B. WZ, 19.2.1820, S. 284f.
539 Grillparzer 1930, S. 67, 72.
540 Böhme 1998, S. 97f.
541 Kittler 1993, S. 8; Kittler 1997, S. 649.
542 Latour 2007, S. 97, 237–239.
543 Vgl. etwa Latour 2009 oder die bei Belliger/Krieger 2006 versammelten Studien.
544 Hatin 1861, S. 620, Anm. 1.
545 *Bureau, lequel ne doit rien fournir que des adresses.* Renaudot 1641, S. 16.
546 *l'une des plus grandes incommoditez de ses sujéts, & qui en reduisoit mesme plusieurs a mendicité, estoit la faute d'adresse des lieux, & choses necessaires à l'entretien de leur vie.* Renaudot 1631, S. 4.
547 *il soit difficile de reduire a un nombre certain la matiere dont l'addresse se trouvera dans nostre Bureau.* Renaudot 1631, S. 21
548 *Les pauvres Artizants & autres menües gents malades, (…), trouveront icy l'addresse de Medecins, Chirurgiens, & Apoticaires, qui sans doute ne voudront pas ceder à d'autres l'honneur de consulter, saigner, & preparer gratuitement quelque remede à ces pauvres gents qu'on leur addressera.* Renaudot 1631, S. 24.
549 *(…) Bureau d'Adresse & de Rencontre, auquel ce nom n'a esté donné, que parce que tout le monde pouvant toûjours s'y adresser, chacun y peut rencontrer ce qu'il chercheroit vainement ailleurs;* sowie *Si l'on ne veut point mettre dans l'avis son nom ni son adresse, on pourra donner des memoires où cela ne soit point marqué, & le petit Livre avertira que l'adresse est au Bureau.* Retablissement du Bureau d'Adresse et de Rencontre. Paris: Jean Boudot, 1703, S. 1. BNF, m.f. 21.741, f. 278–289, hier S. 3 (= f. 280 r) und 5 (= f. 281 r).

550 Z.B: Liste des avis Qui ont été envoïez au Bureau d'Adresse & de Rencontre depuis le 12. du mois d'Avril 1703. O.O.: o.V., 1703, S. 3–12.
551 Siegert 2003a, S. 204; vgl. auch Siegert 2003b, S. 93, 96.
552 Feyel 2000, S. 279.
553 Diesen Begriff hat die Altertumshistorikerin Nicole Loraux eingeführt; für die deutschsprachige Geschichtswissenschaft hat ihn Peter von Moos angewendet: Loraux 1993; Moos 1998; vgl. auch Arni 2007.
554 Als Beiträge zur einer Geschichtsschreibung über Suchmaschinen im analogen Zeitalter siehe: Tantner 2011d; Brandstetter/Hübel/Tantner 2012.
555 Corns 2000.
556 Zedelmaier 2004, S. 193.
557 Krajewski 2002, 2010.
558 Behringer 2003, S. 685.
559 Blome 2008, S. 182.
560 Brief Gilles Filleau des Billettes an Leibniz, Paris, 16.11.1692, in: Leibniz 1970, S. 516.
561 Zu diesen bislang von der Forschung eher vernachlässigten Formen der Vermittlung siehe u. a.: Schmieder 1937; Groebner 2000, S. 230–232; Groebner 2004, S. 175–180; Rau/Schwerhoff 2002; Freist 2005; Tantner 2011d.
562 Wilke 2004, S. 2.
563 Schlögl 2008.
564 Vgl. Faulstich 2004, S. 25.
565 Boes 2005, S. 214f.
566 Savary des Bruslons 1741, Sp. 1138.
567 Dargestellt z. B. bei Fontaine 2006.
568 Homburg 1997, S. 41.

Literatur

Adress-Calender 1730: *Der Königl. Preußis. Haupt- und Residentz-Städte Berlin Adress-Calender (...)*, Berlin.

Anderson, Chris 2007: *The Long Tail – Der lange Schwanz. Nischenprodukte statt Massenmarkt – Das Geschäft der Zukunft*, München.

[Anonym] 1893: ›Zur Geschichte des Wiener Fragamtes‹, in: *Wiener Communal-Kalender und städtisches Jahrbuch*, 31, S. 419–426.

Arbeitsvermittlung 1898: *Die Arbeitsvermittlung in Österreich*. Herausgegeben vom Statistischen Departement im k.k. Handelsministerium, Wien.

Arni, Caroline 2007: ›Zeitlichkeit, Anachronismus und Anachronien. Gegenwart und Transformationen der Geschlechtergeschichte aus geschichtstheoretischer Perspektive‹, in: *L'Homme. Zeitschrift für Feministische Geschichtswissenschaft*, 18, H. 2, S. 53–76.

Balet 1631: *Balet du Bureau de Rencontre. Dancé au Louvre devant Sa Majesté*, Paris.

Battestin, Martin C./Battestin, Ruthe R. 1989: *Henry Fielding. A Life*, London/New York.

Beckmann, Johann 1785: *Beyträge zur Geschichte der Erfindungen*, 2. Bd., 2. Stück, Leipzig.

Beer, Adolf 1899: ›Die österreichische Handelspolitik unter Maria Theresia und Josef II.‹, in: *Archiv für österreichische Geschichte*, 86, S. 1–204.

Behringer, Wolfgang 2003: *Im Zeichen des Merkur. Reichspost und Kommunikationsrevolution in der Frühen Neuzeit* (= Veröffentlichungen des Max-Planck-Instituts für Geschichte, 189), Göttingen.

Belliger, Andrea/Krieger, David J. (Hgg.) 2006: *ANThology. Ein einführendes Handbuch zur Akteur-Netzwerk-Theorie*, Bielefeld.

Bertelsen, Lance 2000: *Henry Fielding at Work. Magistrate, Businessman, Writer*, New York.

Beveridge, W. H. 1914: ›A Seventeenth-Century Labour Exchange‹, in: *Economic Journal*, 24, S. 371–376.

Beyträge 1782: *Beyträge zur Finanz-Litteratur in den Preußischen Staaten*, 5. Stück, Frankfurt/Leipzig.

Blome, Astrid 2006: ›Vom Adressbüro zum Intelligenzblatt – Ein Beitrag zur Genese der Wissensgesellschaft‹, in: *Jahrbuch für Kommunikationsgeschichte*, 8, S. 3–29.

Blome, Astrid 2008: ›Wissensorganisation im Alltag – Entstehung und Leistungen der deutschsprachigen Regional- und Lokalpresse im 18. Jahrhundert‹, in: Dies./Böning, Holger (Hgg.): *Presse und Geschichte. Leistungen und Perspektiven der historischen Presseforschung* (= Presse und Geschichte. Neue Beiträge, 36), Bremen, S. 179–208.

Bobrowsky, Manfred 1982: *Das Wiener Intelligenzwesen und die Lesegewohnheiten im 18. Jahrhundert*, Wien:

Dissertation an der Universität Wien (ungedruckt).

Boes, Andreas 2005: ›Informatisierung‹, in: Soziologisches Forschungsinstitut u. a. (Hgg.): *Berichterstattung zur sozioökonomischen Entwicklung in Deutschland. Arbeit und Lebensweisen. Erster Bericht*, Wiesbaden, S. 211–244.

Böhme, Hartmut 1998: ›Das Büro als Welt – Die Welt im Büro‹, in: Lachmayer, Herbert/Louis, Eleonora (Hgg.): *Work@Culture. Büro. Inszenierung von Arbeit*, Klagenfurt, S. 95–103.

Brandstetter, Thomas/Hübel, Thomas/Tantner, Anton (Hgg.) 2012: *Vor Google. Eine Mediengeschichte der Suchmaschine im analogen Zeitalter*, Bielefeld.

Bredekamp, Horst 2004: *Die Fenster der Monade. Gottfried Wilhelm Leibniz' Theater der Natur und Kunst*, Berlin.

Bruckbräu, Friedrich Wilhelm 1828: *Neuestes Taschenbuch der Haupt- und Residenzstadt München und den Umgebungen für Einheimische und Fremde*, München.

Bruzzone, Barbara 2002: ›Fremdsprachen in der Adelserziehung des 17. Jahrhunderts: Die Sprachbücher von Juan Angel de Sumarán‹, in: Glück, Helmut (Hg.): *Die Volkssprachen als Lerngegenstand im Mittelalter und in der frühen Neuzeit*, Berlin/New York, S. 37–45.

Burke, Peter 2001: *Papier und Marktgeschrei. Die Geburt der Wissensgesellschaft*, Berlin.

Caspart, Heinrich K. 1991: *Michael Hermann Ambros. Ein österreichi-scher Journalist zwischen Aufklärung und Reaktion. Ein Beitrag zur österreichischen Mediengeschichte*, 2 Bde. (= Dissertationen der Universität Wien, 221), Wien.

Cattani, Alfred 1956: *Das Berichthaus von Zürich. Ein Kulturbild im Spiegel der Donnstags-Nachrichten 1730–1754*, Zürich.

CCM 1750/1751: *Corpus Constitutionum Marchicarum, [...] colligiret und ans Licht gegeben von Christian Otto Mylius. Berlin und Halle, Zu finden im Buchladen des Waysenhauses*, [1737]–1755, 6. Teil, Anhang; 1. Abteilung.

Certeau, Michel de (Hg.) 1990: *La possession de Loudun*, Paris.

Chylík, Jindřich 1950: ›První obchodní banka u nás‹, in: *Časopis Matice moravské*, 69, S. 261–282.

Codex Austriacus III 1748: *Supplementum Codicis Austriaci (...)*, Leipzig.

Codex Austriacus IV 1752: *Supplementum Codicis Austriaci*, Pars II, Wien.

Corns, Thomas N. 2000: ›The Early Modern Search Engine: Indices, Title Pages, Marginalia and Contents‹, in: Rhodes, Neil/Sawday, Jonathan (Hgg.): *The Renaissance Computer. Knowledge Technology in the First Age of Print*, London/New York, S. 95–105.

Czeike, Felix 1992–1997: *Historisches Lexikon Wien in fünf Bänden*, Wien.

D'Anguien, Monseigneur le Duc 1640: *Ballet du bureau d'address, dansé devant Monseigneur le Prince*, Dijon.

Dietz, Alexander 1922: *Frankfurter Nachrichten und Intelligenz-Blatt. Festschrift zur Feier ihres zweihundertjährigen Bestehens 1722/1922*, Frankfurt am Main.

Dinklage, Karl 1978: ›Über das älteste Zeitungswesen in Klagenfurt‹, in: *Carinthia* I, 168, S. 207–212.

Duchkowitsch, Wolfgang 1978: *Absolutismus und Zeitung. Die Strategie der absolutistischen Kommunikationspolitik und ihre Wirkung auf die Wiener Zeitung 1621–1757*, Wien: Dissertation an der Universität Wien (ungedruckt).

[Dury, John/Hartlib, Samuel (?)] 1647: *Considerations tending to the Happy Accomplishment of Englands Reformation in Church and State*, o. O.

[Dury, John/Hartlib, Samuel (?)] 1648: *A further Discoverie of the Office of Publick Addresse for Accommodations*, London.

Effenberger, Eduard 1918: *Aus alten Postakten. Quellen zur Geschichte der österreichischen Post, ihrer Einrichtungen und Entwicklung*, Wien.

Egger, Margarethe 1951: *Die Familie Schönfeld und ihre kulturelle Bedeutung für Wien*, Wien: Dissertation an der Universität Wien (ungedruckt).

Elliott, Blanche B. 1962: *A History of English Advertising*, London.

Erman [Jean Pierre]/Reclam [Peter Christian Friedrich] 1786: *Mémoires pour Servir à l'Histoire des Refugiés François dans les États du Roi*, Bd. 5, Berlin.

F[alke]., J[ohannes]. 1866: [2. Miscelle], in: *Archiv für die sächsische Geschichte*, 4, S. 220–224.

Faulstich, Werner 2004: ›Medium‹, in: Ders. (Hg.): *Grundwissen Medien*, München, 5. A., S. 13–102.

Feyel, Gilles 2000: *L'Annonce et la nouvelle. La presse d'information en France sous l'ancien régime (1630–1788)*, Oxford.

[Fielding, Henry/Fielding, John] 1752: *A Plan of the Universal Register-Office, opposite Cecil-Street in the Strand, and of That in Bishopsgate-Street, the Corner of Cornhill*, London, 2. A.

[Fielding, Henry/Fielding, John] 1755: *A Plan of the Universal Register-Office, in the Strand, and of that in Bishopsgate-Street, near Cornhill*, London, 8. A.

Fielding, Henry 1988: ›A Plan of the Universal Register-Office‹, in: Ders.: *The Covent-Garden Journal and A Plan of the Universal Register-Office* (hg. von Goldgar, Bertrand A.), Oxford, S. 3–10.

Fontaine, Laurence 2006: ›Bemerkungen zum Kaufen als soziale Praxis. Feilschen, Preise festlegen und Güter ersteigern im frühneuzeitlichen Europa‹, in: *Historische Anthropologie*, 14, S. 334–348.

Fortnights ramble 1795: *A fortnights ramble through London, or a complete display of all the cheats and frauds practized in that great metropolis, with the best methods for eluding them being a pleasing narrative of the adventures of a farmer's son*, London.

Fournier, Édouard 1859: *Variétés Historiques et Littéraires. Recueil de pièces volantes et curieuses en prose et en vers*, Bd. 9, Paris.

Frank, Peter R./Frimmel, Johannes 2008: *Buchwesen in Wien 1750–1850. Kommentiertes Verzeichnis der Buchdrucker, Buchhändler und Verleger* (= Buchforschung. Beiträge zum Buchwesen in Österreich, 4), Wiesbaden.

Freist, Dagmar 2005: ›Wirtshäuser als Zentren frühneuzeitlicher Öffentlichkeit. London im 17. Jahrhundert‹, in: Burkhardt, Johannes/ Werkstetter, Christine (Hgg.): *Kommunikation und Medien in der Frühen Neuzeit* (= Historische Zeitschrift; Beihefte, Neue Folge, 41), München, S. 201–223.

Freudenberger, Herman 1977: *The Industrialization of a Central European City. Brno and the Fine Woolen Industry in the 18th Century*, Edington.

Frohmann, Jindřich 1947: *O pražské zastavárně, době a lidech kolem ní. (Dějiny státního zástavního a půjčovního úřadu v Praze). Význam vývoje hospodářského a vývoje sociálních tříd v našem národním obrození*, Prag.

Gall, Franz/Paulhart, Hermine (Bearb.) 1974: *Die Matrikel der Universität Wien*, 4. Band: 1579/II–1658/59, Wien/Köln/Graz.

Galliano, Paul 1971: ›Le fonctionnement du bureau parisien des nourrices à la fin du XVIIIe siècle‹, in: *Actes du 93e Congrès national des sociétés savantes*, Tours 1968, Section d'histoire moderne et contemporaine, Bd. 2, Paris, S. 67–93.

Gelpke, Clara 1932: ›Zur Geschichte des Berliner Intelligenz- und Adreßwesens‹, in: *Mitteilungen des Vereins für die Geschichte Berlins*, 49, S. 117–125.

George, Dorothy 1929: ›The Early History of Registry Offices. The Beginnings of Advertisment‹, in: *Economic Journal. Economic History Supplement*, 1, [Januar 1929], S. 570–590.

Gierl, Martin 2007: ›Zeitschriften – Stadt – Information – London – Göttingen – Aufklärung‹, in: Bödeker, Hans Erich/Ders. (Hgg.): *Jenseits der Diskurse. Aufklärungspraxis und Institutionenwelt in europäisch komparativer Perspektive* (= Veröffentlichungen des Max-Planck-Instituts für Geschichte, 224), Göttingen, S. 243–264.

Gilles de la Tourette, Georges 1884: *Théophraste Renaudot d'après des documents inédits*, Paris.

Glückselig, August-Anton (Pseud. Legis, Gustav-Thormond) 1835: *Topographischer Grundriss von Prag und dessen Umgebungen*, Prag.

Goldgar, Bertrand A. 1988: ›General Introduction‹, in: Fielding, Henry: *The Covent-Garden Journal and A Plan of the Universal Register-Office* (hg. von Goldgar, Bertrand A.), Oxford, S. XV–LIV.

Golob, Andreas 2004: *Grundlagen der Lesekultur zwischen Josephinischem Aufschwung und Franziszeischer Kontraktion. Literaturvermittlung, Buchhandel und Leihbibliotheken im Spiegel der Grazer Medienlandschaft zwischen 1787 und 1811*, 2 Bde., Graz: Univ. Dissertation (ungedruckt).

Golob, Andreas 2012: ›Das Zeitungskomptoir als Informationsdrehscheibe. Michael Hermann Ambros und seine Grazer Anzeigenblätter‹, in: Brandstetter, Thomas/Hübel, Thomas/Tantner, Anton (Hgg.): *Vor*

Google. Eine Mediengeschichte der Suchmaschine im analogen Zeitalter, Bielefeld, S.109–150.

Gorges, Arthur 1611: *A True Transcript and Publication of his Majesties Letters Pattent. For an Office to be erected, and called the Publicke Register for generall Commerce*, [London].

Gorges, Arthur 1612: *A True Transcript and Publication of his Majesties Letters Pattent. For an Office to be erected, and called the Publicke Register for generall Commerce*, [London], 2. A.

Greengrass, Mark/Leslie, Michael/ Raylor, Timothy (Hgg.) 1994: *Samuel Hartlib and Universal Reformation. Studies in Intellectual Communication*, Cambridge.

Grillparzer, Franz 1930: *Sämtliche Werke. Historisch-Kritische Gesamtausgabe*, 1. Abt., 13. Bd., Wien.

Groebner, Valentin 2000: *Gefährliche Geschenke. Ritual, Politik und die Sprache der Korruption in der Eidgenossenschaft im späten Mittelalter und am Beginn der Neuzeit*, Konstanz.

Groebner, Valentin 2004: ›Mobile Werte, informelle Ökonomie. Zur »Kultur« der Armut in der spätmittelalterlichen Stadt‹, in: Oexle, Otto Gerhard (Hg.): *Armut im Mittelalter*, Ostfildern, S.165–187.

Gugitz, Gustav 1954: *Lieder der Straße. Die Bänkelsänger im josephinischen Wien*, Wien.

Halder, Wilfrid 2007: ›Schröder, Johann Wilhelm Freiherr v.‹, in: Neue Deutsche Biographie, Bd. XXIII, S.577f.

Harris, Michael 1997: ›Exchanging Information: Print and Business at the Royal Exchange in the Late Seventeenth Century‹, in: Saunders, Ann (Hg.): *The Royal Exchange*, London, S.188–197.

Harris, Michael 1999: ›Timely Notices: The Use of Advertising and its Relationship to News during the Late Seventeenth Century‹, in: Raymond, Joad (Hg.): *News, Newspapers, and Society in Early Modern Britain*, London/Portland, S.141–156.

Hartlib Papers 2002: *The Hartlib Papers. A complete text and image database of the papers of Samuel Hartlib (c. 1600 – 1662)*, held in Sheffield University Library, Sheffield, England. CD-ROM, Sheffield, 2. A.

Hatin, Eugène 1861: ›Un gazetier au dix-septième siècle. François Colletet‹, in: *Bulletin du bibliophile et du Bibliothècair*, S.609–624.

Hatin, Eugène 1883: *Théophraste Renaudot et ses »Innocentes Inventions«*, Poitiers.

Heinscheidt, Anton 1850: ›Ausführlicher und deutlicher Bericht Von einem Zu Frankfurt am Mayn aufzurichtenden Gemeinnützlichen Werk; (...)‹, in: Belli, Maria: *Leben in Frankfurt. Auszüge der Frag- und Anzeigungs-Nachrichten (des Intelligenz-Blattes) von ihrer Entstehung an im Jahre 1722 bis 1821*, Bd. 1, Frankfurt am Main, S.3–16.

Himmel-Agisburg, Heinrich 1970: *Grätzer Klapperpost 1796–1847. Zur Geschichte der k. k. privilegierten kleinen Post in Grätz* (= Historisches Jahrbuch der Stadt Graz, Sonderband 3), Graz.

Homburg, Heidrun 1997: ›Werbung – »eine Kunst, die gelernt sein will«. Aufbrüche in eine neue Warenwelt

1750–1850‹, in: *Jahrbuch für Wirtschaftsgeschichte*, 1, S. 11–52.

Hoppe, Gisela 1999: ›Die Dresdner Adressbücher – eine orts- und sozialgeschichtliche Quelle für die Stadtgeschichte‹, in: *Dresdner Geschichtsbuch*, 5, S. 253–279.

Hoxby, Blair 2002: *Mammon's Music. Literatur and Economics in the Age of Milton*, New Haven/London.

Hülber, Hans 1975: *Arbeitsnachweise, Arbeitsvermittlung und Arbeitsmarktgeschehen in Österreich in vorindustrieller Zeit unter besonderer Berücksichtigung Wiens. Eine sozial- und wirtschaftsgeschichtliche Studie* (= Wiener Geschichtsblätter, 30. Jg.; Sonderheft 1), Wien.

Huneke, Friedrich 2001: ›Sozialdisziplinierung, Lektüre und gesellschaftliche Erfahrung im Vergleich. Das Intelligenzblatt und die »Lippischen Intelligenzblätter« (1767–1799)‹, in: Doering-Manteuffel, Sabine/Mančal, Josef/Wüst, Wolfgang (Hgg.): *Pressewesen der Aufklärung. Periodische Schriften im alten Reich*, Berlin, S. 210–244.

Hurtaut, Pierre-Thomas-Nicolas/Magny 1779: *Dictionnaire historique de la ville de Paris et de ses environs*, 4 Bde., Paris.

Hüttner, J. C. 1798: ›Vermischte Bemerkungen. Bilderläden. Frühstück. Badshilings. Bänkelsänger. Adreßbureaus für Bediente. Umgehungen der Stempeltaxen‹, in: *London und Paris*, 1, 1. Bd., S. 138–144.

Iccander (= Crell, Johann Christian) 1724: *Kurtzgefaßtes Sächsisches Kern-Chronicon*, 4. Paket, 40. Couvert, Freyburg (d. i. Leipzig).

Jestaz, Laure (Hg.) 2006: *Les lettres de Guy Patin à Charles Spon. Janvier 1649 – Février 1655*, 2 Bde., Paris.

Jordan, W[ilbur]. K[itchener]. 1967: *Men of Substance. A Study of the Thought of Two English Revolutionaries. Henry Parker and Henry Robinson*, Chicago UP, 1942. Reprint: New York.

Journal de Colletet 1878: *Le Journal de Colletet, premier Petit journal parisien (1676)*. Beilage zu: *Le Moniteur du Bibliophile. Gazette littéraire, anecdotique et curieuse*, 1.

Jubert, Gérard (Hg.) 2005: *Père des Journalistes et Médecin des Pauvres. Théophraste Renaudot (1586–1653)*, Paris.

Kittler, Friedrich 1993: ›Vorwort‹, in: Ders.: *Draculas Vermächtnis. Technische Schriften*, Leipzig, S. 8–10.

Kittler, Friedrich 1997: ›Kommunikationsmedien‹, in: Wulf, Christoph (Hg.): *Vom Menschen. Handbuch historische Anthropologie*, Weinheim u. a., S. 649–661.

Kókay, György 1990: *Geschichte des Buchhandels in Ungarn* (= Geschichte des Buchhandels, 3), Wiesbaden.

Korabinsky, Johann Matthias [1781]: *Beschreibung der königl. ungarischen Haupt- Frey- und Krönungsstadt Preßburg*, Preßburg o. J.

Krajewski, Markus 2002: *ZettelWirtschaft. Die Geburt der Kartei aus dem Geiste der Bibliothek* (= Copyrights, 4), Berlin.

Krajewski, Markus 2010: *Der Diener. Mediengeschichte einer Figur zwischen König und Klient*, Frankfurt am Main.

Kronick, David A. 2004: »*Devant le Deluge*« *and Other Essays on Early Modern Scientific Communication*, Lanham/Oxford.

Krünitz, Johann Georg 1805: Artikel ›Museum‹, in: Ders.: *Oekonomische Encyklopädie oder allgemeines System der Staats- Stadt- Haus- und Landwirthschaft*, 208 Bde., Brünn 1773–1852, Bd. 98, S. 449–525.

Laffemas, Isaac de 1606: *L'Histoire du commerce de France*, Paris.

Laffont, Jean-Luc 1997: ›Bureau d'adresse des nourrices de Toulouse au XVIIIe siecle‹, in: *L'Auta que Bufo un cop cado mes. N°624*, März, S. 80–89.

Latour, Bruno 2007: *Eine neue Soziologie für eine neue Gesellschaft. Einführung in die Akteur-Netzwerk-Theorie*, Frankfurt am Main.

Latour, Bruno 2009: *Die Hoffnung der Pandora*, Frankfurt am Main, 3. A.

Leibniz, Gottfried Wilhelm 1875: ›Errichtung eines Notiz-Amtes/ Création d'un bureau d'adresse‹, in: Ders.: *Oeuvres*, 7. Bd.: *Leibniz et les Académies. Leibniz et Pierre le Grand* (hg. von Foucher de Careil, A.), Paris, S. 358–366.

Leibniz, Gottfried Wilhelm 1927: ›Gedanken zur Staatsverwaltung u.a. – De Republica [September 1678]‹, in: Ders.: *Sämtliche Schriften und Briefe*, 1. Reihe: Allgemeiner politischer und historischer Briefwechsel, 2. Bd., Darmstadt, S. 74–77.

Leibniz, Gottfried Wilhelm 1970: *Sämtliche Schriften und Briefe*, 1. Reihe: Allgemeiner politischer und historischer Briefwechsel, 8. Bd., Berlin (DDR).

Leibniz, Gottfried Wilhelm 1983a: ›Bedenken von Aufrichtung einer Akademie oder Societät 1671 (?)‹, in: Ders: *Sämtliche Schriften und Briefe*, 4. Reihe: Politische Schriften, 1. Bd., Berlin (DDR), 3. A., S. 543–552.

Leibniz, Gottfried Wilhelm 1983b: ›Drôle de pensée September 1675‹, in: Ders: *Sämtliche Schriften und Briefe*, 4. Reihe: Politische Schriften, 1. Bd., Berlin (DDR), 3. A., S. 562–568.

Leibniz, Gottfried Wilhelm 1986: ›Semestria Literaria [Herbst 1679]‹, in: Ders.: *Sämtliche Schriften und Briefe*, 4. Reihe: Politische Schriften, 3. Bd., Berlin (DDR), S. 775–786.

Leibniz, Gottfried Wilhelm 1993: ›Brief an Kurfürstin Sophie Charlotte von Brandenburg, 14. (24.) 12.1697‹, in: Ders.: *Sämtliche Schriften und Briefe*, 1. Reihe: Allgemeiner politischer und historischer Briefwechsel, 14. Bd., Berlin, S. 867–869.

Liszka, József 2003: ›Kinderaustausch als Methode des Fremdsprachenerwerbs‹, in: Ders.: *Volkskunde der Ungarn in der Slowakei. Zwischen den Karpaten und der Ungarischen Tiefebene* (= Passauer Studien zur Volkskunde, 22), Passau, S. 219–238.

Loraux, Nicole 1993: ›Eloge de l'anachronisme en histoire‹, in: *Le genre humain*, 27, S. 23–39.

Mangold, F. 1897: ›Das Basler »Avis-Blatt« (1729–1844)‹, in: *Basler Jahrbuch*, S. 187–225.

Marperger, Paul Jacob 1710: *Beschreibung der Messen und Jahr-Märckte (...)*, Leipzig.

Marperger, Paul Jacob 1715: *Montes pietatis, oder Leyh-Assistentz- und*

Hülffs-Häuser, Lehn-Banquen und Lombards (...) auch wie die (...) Leibrenten / Braut-Wittwen und Todten-Cassen ingleichen die Lotterien zum Nutzen des Aerarii weit profitabler (...) anzustellen seyn, Leipzig.

Maschurat [= Renaudot, Théophraste] 1641: Remarques sur l'Avertissement à Me Théophraste Renaudot. Portées à son Autheur par Maschurat, compagnon imprimeur, Paris.

Mayer, Anton 1887: Wiens Buchdrucker-Geschichte 1482–1882, 2 Bde., Wien.

Mazauric, Simone 1997: Savoirs et philosophie à Paris dans la première moitié du XVIIe siècle. Les conférences du bureau d'adresse de Théophraste Renaudot (1633–1642), Paris.

[Mirisch, Georg] 1934: Das Staatliche Leihamt 1834–1934. Denkschrift, vorgelegt aus Anlaß des 100jährigen Bestehens, Berlin.

Mittenzwei, Ingrid 1998: Zwischen Gestern und Morgen. Wiens frühe Bourgeoisie an der Wende vom 18. zum 19. Jahrhundert (= Bürgertum in der Habsburgermonarchie, 7), Wien/ Köln/Weimar.

Montaigne, Michel de 1580: Essais de Messire Michel, Seigneur de Montaigne, Bordeaux.

Montaigne, Michel de 1595: Les Essais de Michel Seigneur de Montaigne, Paris.

Montaigne, Michel de 1998: Essais, Frankfurt am Main.

Moos, Peter von 1998: ›Das Öffentliche und das Private im Mittelalter. Für einen kontrollierten Anachronismus‹, in: Melville, Gert/Ders. (Hgg.): Das Öffentliche und Private in der Vormoderne (= Norm und Struktur, 10), Köln/Weimar/Wien, S. 3–83.

[Moreau, René] 1641: La Defense de la Faculté de Médecine contre son calomniateur. Dediée a Monseigneur l'eminentissime Cardinal Duc de Richelieu, Paris.

[Moreau, René] 1643: Examen de la Requeste presentée a la Reine par le Gazettier, o. O.

Muret, Ed[uard] 1885: Geschichte der Französischen Kolonie in Brandenburg-Preußen, unter besonderer Berücksichtigung der Berliner Gemeinde, Berlin.

Nicolai, Friedrich 1783, ND 1994: Beschreibung einer Reise durch Deutschland und die Schweiz, im Jahre 1781, Berlin/Stettin, ND Hildesheim u. a. (= Gesammelte Werke, 16; hgg. von Fabian, Bernhard / Spieckermann, Marie-Luise).

Nicolai, Friedrich 1786, ND 1968: Beschreibung der Königlichen Residenzstädte Berlin und Potsdam, aller daselbst befindlicher Merkwürdigkeiten, und der umliegenden Gegend, 3 Bde., Berlin, 3. A., ND Berlin.

Norman, L. Gordon/Lee, Frank A. 1928: ›A Further Note on Labour Exchanges in the Seventeenth Century‹, in: Economic Journal. Economic History Supplement, 1 [Januar 1928], S. 399–405.

Office of Publick Advice 1657: The Office of Publick Advice Newly set up in several places in and about London and Westminster, London.

Ogborn, Miles 1998: Spaces of Modernity. London's Geographies 1680-1780, New York/London.

Olbert, Fritz 1937: *Tiroler Zeitungsge-schichte*, Bd. I: Das Zeitungswesen in Nordtirol von den Anfängen bis 1814 (= Tiroler Studien, 16), Innsbruck.

ORBI 2006: Österreichische Retrospektive Bibliographie (ORBI), Reihe 3: Österreichische Zeitschriften 1704–1945, hg. von Helmut W. Lang, Bd. 1, München.

Ost, Günther 1930: ›Das preußische Intelligenzwerk‹, in: *Forschungen zur Brandenburgischen und Preussischen Geschichte*, 43, S. 44–75.

Ouverture 1637: *L'Ouverture des Ventes, Troques & achats du Bureau d'Adresse. En execution de l'Arrest de Nosseigneurs du Conseil, du 27 Mars 1637. Où tous ceux qui auront des meubles trouveront à les vendre, ou de l'aargent dessus*, o. O.

[Patin, Guy] 1644: *Le nez pourry de Théophraste Renaudot, grand gazettier de France et espion de Mazarin*, o. O., ediert bei Jubert 2005, S. 426f.

Pavercsik, Ilona 2006: »Ihre gütige Verwendung zum Besten meiner Muse«: Blumauers Briefe an einen Kollekteur in Ungarn‹, in: *Jahrbuch der Österreichischen Gesellschaft zur Erforschung des 18. Jahrhunderts*, 21, S. 107–122.

Pezzl, Johann 1822: *Neueste Beschreibung von Wien*, Wien, 6. A.

Pezzl, Johann 1841: *Beschreibung von Wien, verbessert und vermehrt von Franz Tschischka*, Wien, 8. A.

Piskernik, Elke 1986: *Das Versatzamt in Klagenfurt (1756–1853)*, Innsbruck: Univ. Dissertation (ungedruckt).

Pölnitz, Götz (Hg.) 1939: *Die Matrikel der Ludwig-Maximilians-Universität Ingolstadt-Landshut-München*, Teil I, Bd. 2, 1. Halbband: Ingolstadt 1600–1650, München.

Pradel, Abraham Du (= Blegny, Nicolas de) 1878: *Le livre commode des adresses de Paris pour 1692* (hg. von Fournier, Édouard), Paris.

Prutz, Robert E. 1845: *Geschichte des deutschen Journalismus*, Hannover.

Przedak, A[dolar]. G[uido]. 1918: *Das Prager Intelligenzblatt. Kulturgeschichtliche Bilder aus dem alten Prag*, Prag.

Rau, Susanne/Schwerhoff, Gerd 2002: ›Frühneuzeitliche Gasthaus-Geschichte(n) zwischen stigmatisierenden Fremdzuschreibungen und fragmentierten Geltungserzählungen‹, in: Melville, Gert/Vorländer, Hans (Hgg.): *Geltungsgeschichten. Über die Stabilisierung und Legitimierung institutioneller Ordnungen*, Köln/Weimar/Wien, S. 181–201.

Reed, J[oseph]. 1761: *The Register-Office: A Farce of two Acts*, Dublin.

Renaudot, Théophraste 1631: *Inventaire des addresses du Bureau de Rencontre, Ou chacun peut donner et recevoir avis de toutes les necesitez, et commoditez de la vie et societé humaine*, Paris.

[Renaudot, Théophraste] 1634: *Instruction pour se servir des commoditez du Bureau d'Adresse*, Paris.

Renaudot, Théophraste 1640: *Les consultations charitables pour les malades. Dediées a Monseigneur de Noyers secretaire d'estat*, Paris.

Renaudot, Théophraste 1641: *Response de Theophraste Renaudot (...) au libelle fait contre les Consultations charitables pour les pauvres malades*, Paris:

Au Bureau d'Adresse, rue de la Calandre.

[Renaudot, Théophraste] 1642: *La presence des absens, ou facile moyen de rendre présent au Médecin l'estat d'un malade absent. Dressé par les Docteurs en Médecine Consultans charitablement à Paris pour les pauvres malades. Avec les figures du corps humain, & Table servant à ce dessein: Ensemble l'instruction pour s'en servir, mesmes par ceux qui ne sçavent point escrire*, Paris.

Renaudot, Théophraste 1643: *Requeste présentée à la Reyne, par Théophraste Renaudot, en faveur des pauvres malades de ce Royaume*, o. O.

Renaudot, Théophraste 1647: *Le Renouvellement des bureaux d'adresse, a ce nouvel an M. DC. XLVII. Avec une ample explication de leurs utilitez & commoditez*, Paris.

Renaudot, Théophraste 2004: *De la petite fille velue et autres conférences du Bureau d'Adresse* (hg. von Mazauric, Simone), Paris.

Robinson, Henry 1650: *The Office of Adresses and Encounters where all people of each Rancke and Quality may receive direction and advice for the most cheap and speedy way of attaining whatsoever they can lawfully desire (…)*, London.

Sander, Heinrich 1783–1784: *Heinrich Sanders (...) Beschreibung seiner Reisen durch Frankreich, die Niederlande, Holland, Deutschland und Italien; in Beziehung auf Menschenkenntnis, Industrie, Litteratur und Naturkunde insonderheit*, 2 Bde., Leipzig.

Savary des Bruslons, Jacques 1741: *Dictionnaire universel de Commerce (…)*, nouvelle Edition, 1. Bd., Paris.

Schiessler, S[ebastian]. W[illibald]. 1834: *Neues Gemälde der königlichen Hauptstadt Prag und ihrer Umgebungen. Ein Taschenbuch für Fremde und Einheimische*, Prag.

Schlögl, Rudolf 2008: ›Kommunikation und Vergesellschaftung unter Anwesenden‹, in: *Geschichte und Gesellschaft*, 38, S. 155–224.

Schmieder, Eberhard 1937: ›Unterkäufer im Mittelalter. Ein Beitrag zur Wirtschafts- und Handelsgeschichte vornehmlich Süddeutschlands‹, in: *Vierteljahrsschrift für Sozial- und Wirtschaftsgeschichte*, 30, S. 229–260.

Schöne, Walter 1912: *Die Anfänge des Dresdner Zeitungswesens im 18. Jahrhundert* (= Mitteilungen des Vereins für Geschichte Dresdens, 23), Dresden.

Schröder, Konrad 1995, 1999: *Biographisches und bibliographisches Lexikon der Fremdsprachenlehrer des deutschsprachigen Raumes, Spätmittelalter bis 1800*, Augsburg, Bd. 4, Bd. 6.

Schröder, Wilhelm von 1686: *Fürstliche Schatz- und Rent-Cammer*, Leipzig.

Siegert, Bernhard 2003a: *Passage des Digitalen. Zeichenpraktiken der neuzeitlichen Wissenschaften 1500–1900*, Berlin.

Siegert, Bernhard 2003b: ›(Nicht) Am Ort. Zum Raster als Kulturtechnik‹, in: *Thesis. Wissenschaftliche Zeitschrift der Bauhaus-Universität Weimar*, 49, 3, S. 92–104.

Šimeček, Zdeněk 1982: ›Zeitungen in den böhmischen Städten im 18. Jahrhundert‹, in: Rausch,

Wilhelm (Hg.): *Städtische Kultur in der Barockzeit*, Linz, S. 263–276.

Šimeček, Zdeněk 1999: ›Časopisy a jejich rozširování na Moravě do počátku 19. stoleti‹, in: *Sborník k 80. narozeninám Mirjam Bohatcové*, Prag, S. 333–346.

Šimeček, Zdeněk 2011: *Počátky novinového zpravodajství a novin v českých zemích (do devadesátých let 18. stoleti)*, Brno.

Solomon, Howard M. 1972: *Public Welfare, Science and Propaganda in Seventeenth Century France: The Innovations of Théophraste Renaudot*, Princeton.

[Speed, Adolphus] 1650: *General Accomodations by Adresse*, o. O.

Srbik, Heinrich von 1910: ›Wilhelm von Schröder. Ein Beitrag zur Geschichte der Staatswissenschaften‹, in: *Sitzungsberichte der kais. Akademie der Wissenschaften. Philosophisch-historische Klasse*, 164. Bd., 1. Abh.

Stadt Berlin 1981: *Die Stadt Berlin im Jahre 1690. Gezeichnet von Johann Stridbeck dem Jüngeren*, Leipzig 1981.

Stagl, Justin 2002: *Eine Geschichte der Neugier. Die Kunst des Reisens 1550–1800*, Wien / Köln / Weimar.

Starzer, Albert 1901a: *Das k.k. Versatzamt in Wien von 1707 bis 1900*, Wien.

Starzer, Albert 1901b: ›Das Versatzamt in Klagenfurt‹, in: *Carinthia* I, 91, S. 88–110.

Tancer, Josef 2008: *Im Schatten Wiens. Zur deutschsprachigen Presse und Literatur im Pressburg des 18. Jahrhunderts*, Bremen.

Tantner, Anton 2008: ›Europäische Adressbüros in der Frühen Neuzeit. Projekt P19826-G08 des Fonds zur Förderung der wissenschaftlichen Forschung (FWF)‹, in: *Frühneuzeit-Info*, 19, H. 1, S. 67–70.

Tantner, Anton 2011a: *Adressbüros im Europa der Frühen Neuzeit*. Habilitationsschrift eingereicht an der historisch-kulturwissenschaftlichen Fakultät der Universität Wien, Wien: Universität Wien, http://phaidra.univie.ac.at/o:128115.

Tantner, Anton 2011b: ›Die Frag- und Kundschaftsämter in Prag und Brünn. Informationsvermittlung im frühneuzeitlichen Böhmen und Mähren‹, in: *Folia Historica Bohemica*, 26, 2, S. 479–506, http://phaidra.univie.ac.at/o:105529.

Tantner, Anton 2011c: ›Das Wiener Frag- und Kundschaftsamt. Informationsvermittlung im Wien der Frühen Neuzeit‹, in: *Wiener Geschichtsblätter*, 66, 4, S. 313–342, http://phaidra.univie.ac.at/o:105527.

Tantner, Anton 2011d: ›Suchen und finden vor Google. Eine Skizze‹, in: *Mitteilungen der Vereinigung österreichischer Bibliothekarinnen & Bibliothekare*, 64, 1, S. 42–69.

Thiel, Viktor 1940: ›Zeitungswesen in Steiermark bis 1848‹, in: *Das Joanneum. Beiträge zur Naturkunde, Geschichte, Kunst und Wirtschaft des Ostalpenraums*, 2. Bd.: Kunst und Volkstum, S. 77–97.

Trevor-Roper, Hugh Redwald 1970: ›Drei Ausländer: Die Philosophen der puritanischen Revolution‹, in: Ders.: *Religion, Reformation und sozialer Umbruch. Die Krisis des*

17. Jahrhunderts, Frankfurt am Main/ Berlin/Wien, S. 221–270, 315–323.

Turnbull, George Henry 1920: *Samuel Hartlib: A Sketch of his Life and his Relations to J. A. Comenius*, London.

Turnbull, George Henry 1947: *Hartlib, Dury and Comenius. Gleanings from Hartlib's Papers*, London.

Usage 1639: *L'usage et commoditez des Bureaux d'Adresse dans les Provinces*, Paris. Überliefert in: Hartlib Papers 2002, 48/7/1.

Vers 1631 : *Vers du ballet du bureau des addresses*, o. O.

Voit, Petr 2006: *Encyklopedie Knihy. Starší knihtisk a příbuzné obory mezi polovinou 15. a počátkem 19. Století*, Prag.

Webster, Charles 2002: *The Great Instauration. Science, Medicine and Reform 1626–1660*, Oxford u. a., 2. A.

Wellman, Kathleen Anne 2003: *Making science social. The conferences of Théophraste Renaudot, 1633–1642*, Norman: University of Oklahoma Press.

Wilke, Jürgen 2004: ›Vom stationären zum mobilen Rezipienten. Entfesselung der Kommunikation von Raum und Zeit – Symptom fortschreitender Medialisierung‹, in: *Jahrbuch für Kommunikationsgeschichte*, 6, S. 1–55.

Williams, J. B. 1908: *A History of English Journalism to the Foundation of the Gazette*, London u. a.

Winkler, Karl Tilman 2008: ›Die Zeitung und die Anfänge der Informationsgesellschaft. Wirtschaft, Tech-nologie und publizistischer Markt in London 1665–1740‹, in: Welke, Martin/Wilke, Jürgen (Hgg.): *400 Jahre Zeitung. Die Entwicklung der Tagespresse im internationalen Kontext* (= Presse und Geschichte – Neue Beiträge, 22), Bremen, S. 139–175.

Wippich-Roháčková, Katrin 2000: *»Der Spannisch Liebende Hochdeutscher«. Spanischgrammatiken in Deutschland im 17. und frühen 18. Jahrhundert*, Hamburg.

Wögerbauer, Michael 2006: *Die Ausdifferenzierung des Sozialsystems Literatur in Prag von 1760 bis 1820*, Wien: Dissertation an der Universität Wien.

Wögerbauer, Michael 2007: ›Johann Nepomuk Ferdinand Schönfeld. Ein Buchdrucker und Sammler im josephinischen Zeitalter‹, in: Buchberger, Reinhard/Renner, Gerhard/Wasner-Peter, Isabella (Hgg.): *PORTHEIM. Sammeln & verzetteln. Die Bibliothek und der Zettelkatalog des Sammlers Max von Portheim in der Wienbibliothek*, Wien, S. 180–201.

Zedelmaier, Helmut 2004: ›Facilitas inveniendi. Zur Pragmatik alphabetischer Buchregister‹, in: Stammen, Theo/Weber, Wolfgang E. J. (Hgg.): *Wissenssicherung, Wissensordnung und Wissensverarbeitung. Das europäische Modell der Enzyklopädien* (= Colloquia Augustana, 18), Berlin, S. 191–203.

Zeissig, Herbert 1930: *Eine deutsche Zeitung. Zweihundert Jahre Dresdner Anzeiger. Eine zeitungs- und kulturgeschichtliche Festschrift*, Dresden.

Zeman, Jaromír 2004: ›Zur Textsorte »Suchanzeige« im Brünner »Wochentlichen Intelligenz-Zettel« vom

Jahre 1755‹, in: *Germanistik im Spiegel der Generationen*, Opava, S. 45–58.

Zeman, Jaromír 2005: ›Zu sprachlichen Entwicklungstendenzen in den Brünner Regionalzeitungen‹, in: Riecke, Jörg/Schuster, Britt-Marie (Hgg.): *Deutschsprachige Zeitungen in Mittel- und Osteuropa*, Berlin, S. 311–328.

Zenker, Ernst Victor 1903: ›Die Geschichte der Wiener Zeitung in ihrem Verhältnisse zur Staatsverwaltung auf Grund archivalischer Forschungen dargestellt‹, in: *Wiener Zeitung*, Beilage (= Jubiläums-Festnummer der kaiserlichen Wiener Zeitung, 8. August, 1703–1903), 8.8.1903, http://anno.onb.ac.at/cgi-content/annoplus?aid=wzj, S. 1–12.

Žigon, Tanja 2003: »Wochentliches Kundschaftsblatt« – Das erste wöchentliche Blatt in Ljubljana (1775–1776)‹, in: *Zagreber Germanistische Beiträge*, 12, S. 231–255.

Abkürzungen

AMB Archiv Města Brna, Brno
AVA Allgemeines Verwaltungsarchiv
BNF Bibliothèque Nationale de France
ČG-Publ. České Gubernium, Publicum
DNZ Donnstags-Nachrichten von Zürich
FHKA Finanz- und Hofkammerarchiv
Grat. Feud. Gratialia et Feudalia
GStA-PK Geheimes Staatsarchiv Preußischer Kulturbesitz
HA Hauptabteilung
HHStA Haus-, Hof- und Staatsarchiv
IKB In/Im Königreich Böheim
Impr. Impressorien
IWA Innsbrucker Wöchentliche Anzeigen
IWB Innsbrucker Wochenblatt
IZ Innsbrucker Zeitung
JG Jüngeres Gubernium
m.f. manuscrits français
MZA Moravský zemský archiv, Brno
NA Národní Archiv, Prag
ND Neudruck
NDB Neue Deutsche Biographie
NHK Neue Hofkammer
NÖLA Niederösterreichisches Landesarchiv, St. Pölten
ÖNB Österreichische Nationalbibliothek
ÖStA Österreichisches Staatsarchiv
PFAN Post-tägliche Frag und Anzeigungs-Nachrichten / des Kaiserl. Frag- und Kundschafts-Amt in Wien

PI Kaiserlich Königlich priv. Prager Intelligenz-Blatt
PIN Prager interessante Nachrichten, aus dem k.k. priv. Frag- und Kundschaftsamte
PK Preßburger Kundschaftsblatt
POPAZ Prager Oberpostamtszeitung
PSGN Prager Staats- und gelehrte Nachrichten, nebst dem eigentlichen Intelligenzblatte aus dem k.k. Frag- u. Kundschaftsamte
Rep. Repositur
RHR Reichshofrat
SČM Staré české místodržitelstvi
StLA Steiermärkisches Landesarchiv
TLA Tiroler Landesarchiv
WBFAN Wochentliche Berlinische Frag- u. Anzeigungs-Nachrichten
WD Wienerisches Diarium
WIZ Wochentlicher Intelligenz-Zettel aus dem Frag-Amt der Kayserlich-Königlichen privilegirten Lehen-Bank zu unser lieben Frauen in Brünn
WStLA Wiener Stadt- und Landesarchiv
WZ Wiener Zeitung

Dank

Dieses Buch ist die überarbeitete und gekürzte Fassung meiner 2012 an der Universität Wien angenommenen Habilitationsschrift. Dafür, dass sie in dieser Form konzipiert und ausgearbeitet werden konnte, bin ich dem Internationalen Forschungszentrum Kulturwissenschaften (IFK), dem Institut für Geschichte der Universität Wien, der Hochschuljubiläumsstiftung der Stadt Wien, dem Fonds zur Förderung der Wissenschaftlichen Forschung in Österreich (Projekt P19826-G08 »Europäische Adressbüros in der Frühen Neuzeit«) sowie dem Jubiläumsfonds der Oesterreichischen Nationalbank (Projekt Nr. 15275 »Auskunftscomptoire und Adressbüros in der Habsburgermonarchie, 1750–1850«) zu Dank verpflichtet.

Weiter danke ich den Mitarbeiterinnen und Mitarbeitern der konsultierten Archive und Bibliotheken sowie namentlich folgenden Personen für ihre Unterstützung und Diskussionsbereitschaft: Peter Becker, Jürgen Beyer, Astrid Blome, Thomas Brandstetter, Barbara Clausen, Thomas Dostal, Wolfgang Duchkowitsch, Andrea Ellmeier, Stefan Eminger, Gilles Feyel, Roswitha Fraller, Peter R. Frank, Johannes Frimmel, Elisabeth Frysak, Martin Gasteiner, Li Gerhalter, Nacim Ghanbari, Andreas Golob, Saskia Haag, Susanne Hehenberger, Mirko Herzog, Martin Holý, Thomas Hübel, Martin J. Jandl, Gérard Jubert, meiner Frau Bettina Kann, Katrin Keller, Eva Kernbauer, Markus Krajewski, Ulrike Krampl, Dagmar Kulhánková, Stephan Kurz, Helmut W. Lang, Meike Lauggas, Dorottya Lipták, Peter Mahr, Thomas Maisel, Daniel Meßner, István Monok, Tobias Nanz, Martina Ondo Grečenková, Ilona Pavercsik, Brita Pohl, Andreas Praefcke, Klaus Ratschiller, Edith Saurer, Alfred Schiemer, Iris Schilke, Klaus Schönberger, Sabine Schweitzer, Andrea Seidler, Zdeněk Šimeček, Monika Sommer, Zoltán Szendi, Erika Szőke, Josef Tancer, meinen Eltern Anton und Leopoldine Tantner, Eva Tropper, Oswald Überegger, Hanna Vintr, Natascha Vittorelli, Karl Vocelka, Sigrid Wadauer, Stephanie Warnke, Andreas Weigl, Katharina Wessely, Michael Wögerbauer, Helga Zehetleitner und Tanja Žigon.

Kulturgeschichte bei Wagenbach

Peter Burke   Die Explosion des Wissens
Von der Encyclopédie bis Wikipedia
Nur ein Medienhistoriker vom Format Peter Burkes versteht es, den grundlegenden Umbruch unserer Wissens- und Informationsgesellschaft im Ganzen zu überblicken und im Detail zu erklären. Seine umfassende Wissensgeschichte ist singulär auf dem Buchmarkt – und höchst aktuell.
Aus dem Englischen von Matthias Wolf unter Mitarbeit von Sebastian Wohlfeil
Gebunden mit Schutzumschlag. Großformat. 392 Seiten.

Peter Burke   Papier und Marktgeschrei
Die Geburt der Wissensgesellschaft
Wissen erwerben, klassifizieren, kontrollieren und verkaufen – in diesem Buch geht es um das neue Wissen, das sich nach Erfindung der beweglichen Lettern rasant verbreitete.
Aus dem Englischen von Matthias Wolf
Broschiert. Großformat. 256 Seiten.

Horst Bredekamp   Der schwimmende Souverän
Karl der Große und die Bildpolitik des Körpers
In seinem fulminanten neuen Buch liefert Horst Bredekamp einen Schlüssel zum Verständnis Karls des Großen. Ein souveräner Coup über den schwimmenden Souverän!
KKB. Gebunden mit Schildchen und Prägung.
176 Seiten mit vielen, zum Teil farbigen Abbildungen

Carlo Ginzburg   Faden und Fährten
wahr falsch fiktiv
Endet die historische Wahrheit, wo die Erfindung beginnt? Der Spurensicherer Carlo Ginzburg präsentiert die Bilanz seines Historikerlebens – und gewährt neue Einblicke in die schier unendliche Fülle seiner Themen und Gedanken.
Aus dem Italienischen von Victoria Lorini
KKB. Gebunden mit Schildchen und Prägung
160 Seiten mit vielen, zum Teil farbigen Abbildungen

Literarische Einladungen von Wagenbach

Paris *Eine literarische Einladung*

Paris: Stadt der Liebe und Literatur. Dieser Band lädt ein zu literarischen Spaziergängen durch die Metropole an der Seine. Zeitgenössische Texte, viele erstmals übersetzt, erzählen Geschichten von Orten, Menschen und der Pariser Lebensart.

Herausgegeben von Karin Uttendörfer und Annette Wassermann
SVLTO. Rotes Leinen. Fadengeheftet. 144 Seiten
Mit Illustrationen von Franziska Neubert

London *Eine literarische Einladung*

Ein literarischer Streifzug durch eine coole und angesagte Metropole. Mit Texten von David Byrne, Alan Hollinghurst, Sadie Jones, Hanif Kureishi, Doris Lessing, Ian McEwan, Muriel Spark, Virginia Woolf und vielen anderen.

Herausgegeben von Ingo Herzke und Hans-Gerd Koch
SVLTO. Rotes Leinen. Fadengeheftet. 144 Seiten

Egon Erwin Kisch **Aus dem Café Größenwahn**
Berliner Reportagen

Nach langer Zeit wird der »rasende Reporter« endlich den Lesern wieder zugänglich gemacht: mit seinen schönsten Reportagen aus dem Berlin zwischen Kaiserreich und Republik. Sorgfältig ausgestattet mit Photos der Orte und ihrer Bewohner.

SVLTO. Rotes Leinen. Fadengeheftet. 144 Seiten

Klaus Wagenbach **Kafkas Prag**
Ein Reiselesebuch. Mit einem Nachwort von Klaus Wagenbach

Ein Portrait der literarischen und biografischen Orte Kafkas in seiner Heimatstadt, in Text und Bild.

SVLTO. Rotes Leinen. Fadengeheftet. 128 Seiten mit zahlreichen Abbildungen

Wenn Sie mehr über den Verlag und seine Bücher wissen möchten, schreiben Sie uns eine Postkarte (mit Anschrift und ggf. E-Mail). Wir verschicken immer im Herbst die *Zwiebel*, unseren Westentaschenalmanach mit Gesamtverzeichnis, Lesetexten aus den neuen Büchern und Photos. *Kostenlos!*

Verlag Klaus Wagenbach   Emser Straße 40/41   10719 Berlin
www.wagenbach.de

© 2015 Verlag Klaus Wagenbach, Emser Straße 40/41, 10719 Berlin

Umschlaggestaltung Julie August unter Verwendung einer Fotografie
© Eduard Andras / gettyimages 2014
Einbandmaterial von peyer graphic GmbH, Leonberg und Vorsatzpapier
von G'Schabert, Strullendorf. Gedruckt auf chlor- und säurefreiem Papier
(Schleipen) und gebunden bei Kösel, Krugzell.
Printed in Germany. Alle Rechte vorbehalten.

ISBN: 978 3 8031 3654 1